LEE DOMINGUE

PÉROLAS
DO REI

O Plano de Deus Para a Vida

LAN
EDITORA
Rio de Janeiro, 2012
www.edilan.com.br

Comentários Sobre o Livro

"Lee Domingue é um exemplo vivo da mensagem deste livro. Como seu pastor, encontrei nele um grande amigo e ele tem visto seu sucesso nos negócios como uma bênção dada por Deus com a qual pode abençoar outros. Estou convicto de que as verdades contidas neste livro podem e irão criar parcerias que causarão um forte impacto no corpo de Cristo para levar cura a um mundo ferido. Particularmente, já vi esses princípios em ação e encorajo a todo pastor e a todo cristão a acrescentar esse livro a sua coleção. Obrigado, Lee, por escrever um livro que precisava ser escrito."

Dino Rizzo
Pastor Presidente, Healing Place Church

"Para cumprir os propósitos de Deus na terra, precisamos de Reis e Sacerdotes operando no Corpo de Cristo. Uma visão não pode ser realizada sem provisão, e é tempo de os reis se levantarem e tomarem seu lugar. Este livro irá revelar chaves poderosas para ajudar você a cumprir seu destino como um rei no Reino de Deus. Lee não escreve sobre uma teoria; ele vive os princípios deste livro. Adquira um volume, não só para você, mas para todo pastor, líder, e empresário que você conhece! Sua vida e sua igreja serão verdadeiramente transformadas."

Christine Caine
Diretora, Equip and Empower Ministries

"Uma das maiores necessidades encontradas pelos líderes hoje em dia é a falta de recursos para realizar a visão e o chamado de Deus em suas vidas. Acredito que uma nova parceria está surgindo nesses últimos dias – uma parceria entre visionários ungidos e líderes empresariais compromissados a ver o Evangelho alcançar o mundo. Esse livro é uma chave para trazer essa parceria estratégica à realidade."

Rabi Messiânico Jonathan Bernis
Presidente/CEO – Jewish Voice Ministries International

"Um verdadeiro chamado de despertamento. Em uma época em que muitos empresários no corpo de Cristo estão lutando para compreender e cumprir seu propósito, Pérolas do Rei ajudará você a entender por que e como Deus quer usar homens e mulheres no campo dos negócios. Encorajador e muito relevante, este livro irá ajudar você a mudar a forma com que você lida com seu trabalho e sua vida."

Julio A. Melara
Autor, Editor, Empresário, Presidente, Business Report

PÉROLAS DO REI, por Lee Domingue
Publicado por Editora Luz às Nações Ltda.
1ª Edição: Março 2012 - Rio de Janeiro

Coordenação editorial: *Philip Murdoch*
Tradução: *Mylena de Araujo Cardoso*
Revisão: *Joanne Murdoch*
Projeto Gráfico e Diagramação: *Yan Aguiar*
Adaptação da Capa Original: *Yan Aguiar*
Impressão: *Sermográfica*

Originalmente publicado nos Estados Unidos sob o título Pearls of the King - Lee Domingue por POTK, L.L.C. Copyright ©2007 - www.pearlsoftheking.com

Todas as citações bíblicas foram traduzidas livremente das seguintes versões em inglês: THE AMPLIFIED BIBLE, Antigo Testamento copyright © 1995, 1987 Zondervan Corporation. THE AMPLIFIED BIBLE, Novo Testamento copyright © 1958,1987 The Lockman Foundation. NEW KING JAMES VERSION Copyright ©1979,1980, 1982 Thomas Nelson, Inc.

CIP-BRASIL. CATALOGAÇÃO-NA-FONTE
SINDICATO NACIONAL DOS EDITORES DE LIVROS, RJ

D717p

Domingue, Lee Pérolas do rei : chaves para as bênçãos de deus / Lee Domingue; [organização de Philip Murdoch ; coordenação Joanne Murdoch ; tradução de Mylena de Araújo Cardoso]. - 1.ed. - Rio de Janeiro : LAN Editora, 2012. 164p. : 21 cm

Tradução de: Pearls of the king
ISBN 978-85-99858-37-0

1. Cristianismo - Jesus Cristo - Ensinamentos. 2. Sucesso - Aspectos religiosos - Cristianismo. 3. Confiança em Deus - Cristianismo. 4. Fé. 5. Vida cristã. I. Murdoch, Philip. II. Murdoch, Joanne. III. Título.

12-0615.

CDD: 248.4
CDU: 27-584

01.02.12 03.02.12

032947

Dedico este livro a minha esposa, Laura. Você é meu Cedro do Líbano. Você tem permanecido forte por mim e por nós durante muitas tempestades. Seu encorajamento, discernimento, benignidade e devoção têm me sustentado. Você é meu mundo. Eu te amo!

Aos meus filhos, Winston, Harrison, Grayson e Ashton. Vocês são incríveis guerreiros de Cristo! Deus os separou para Sua glória. Mantenham os olhos firmes em Jesus. Não conheço honra maior do que ter jovens tão valentes confiados ao meu cuidado.

À minha filha, Isabella. Você é promessa de Deus. Uma alegria indescritível! Você sempre será a Princesa Bailarina do Papai. Sim, rosa é a única cor que importa e castelos são o único lugar para a realeza.

Agradecimentos

Gostaria de estender minha profunda gratidão...

Ao meu Senhor e Salvador, Jesus, por ser o meu Deus da segunda chance! Somente Tu és digno. Que toda a Glória seja dada a Ti!

Ao meu pai, por ensinar-me a como não ser egoísta e doar generosamente.

A minha mãe, por apresentar a mim o amor de Cristo. Suas orações me protegeram enquanto eu estava ocupado com "minha prova". A senhora nunca desistiu de mim e não deixou de crer no que Deus tem para mim.

Aos pastores Dino e Delynn Rizzo, por me mostrarem um coração de servo e permitirem que eu expressasse meu dom em seu mundo.

Ao Alan, por ser meu amigo de aliança mais chegado que um irmão... seu sacrifício e compromisso comigo por todos esses anos têm me encorajado a perseverar na batalha.

Ao Pastor Mark Sterner, por me inspirar a buscar a face de Deus e me encorajar a sempre seguir em frente e nunca recuar.

Aos pastores Curry & Beverly Juneau, por nunca, nunca terem desistido de mim e de minha família mesmo nos tempos mais difíceis... Vocês estiveram ao nosso lado durante a dor, não nos julgaram e não nos acusaram. Não teríamos conseguido sem vocês. Vocês sempre serão nossos pai e mãe espirituais!

Ao treinador Bill McCartney, por seu constante apoio, exortação, e sua oração todos os dias por mim e minha família.

Aos meus sócios, Equipe Executiva, e funcionários por tornarem possível o que eu faço. Sem o compromisso e o espírito de excelência de vocês, a diferença global que está sendo feita não estaria acontecendo.

A Nick e Chris Caine, por serem construtores de pontes no Reino e por me inspirarem a sonhar mais alto. Seu compromisso de ver o corpo de Cristo ser capacitado globalmente para fazer a diferença tem me desafiado a entrar nesse jogo!

A Molly e Jay Venzke, por suas horas e horas me ajudando a organizar e articular minha mensagem. A abundância de vocês verdadeiramente supriu a minha falta.

Ao Julio, por me motivar a contar minha história, e não apagar o que Deus colocou em meu coração.

Aos pastores Rick e Michelle Bezet, por serem grandes encorajadores para minha família e eu.

A todos os missionários com os quais temos a honra de ter uma parceria diária, que impactam o globo com o Evangelho de Cristo. O sacrifício e o compromisso de vocês para alcançar o inalcançável é uma inspiração!

INTRODUÇÃO

PÉROLAS DO REI

É extraordinário ver como Deus trabalha na vida de um crente... Transformando-o em um crente de todo o coração! Provérbios 4:18 diz que "A vereda do justo é como a luz da alvorada, que brilha cada vez mais até à plena claridade do dia." Nossas vidas se desenrolam sequencialmente, e tudo o que acontece é uma preparação para o que virá depois. Quando paramos, olhamos para trás, e vemos a precisão da mão de Deus nos detalhes de nossos destinos, ficamos maravilhados. Ao conectar os pontos espirituais significantes em nossas vidas (aquelas vezes em que Deus claramente moveu), descobrimos os propósitos divinos deles.

Assim é a vida de Lee Domingue. Este livro revela pérolas (verdades) dinâmicas sobre as quais Lee não poderia ter escrito antes. Se ele tivesse tentado escrever antes que Deus tivesse trabalhado maturidade nele, o nascimento de *Pérolas do Rei* teria sido prematuro. Coincidentemente, o propósito deste trabalho é dar vida às pérolas bíblicas e provadas por Deus que irão juntar corações para cumprir o chamado de Deus nas vidas dos leitores.

Aprendemos com os três reis que olharam para o rosto do menino Jesus, e quando vemos qual motivo estava em seus corações, sentimos vontade de duplicar o que eles fizeram. Eles estabeleceram o modelo pelo qual a igreja de Cristo pudesse prosperar. Visão e provisão caminham de mãos dadas. Só assim as necessidades são supridas.

Esse é o seu sonho? Pode ser.

Se eu fosse pastor de uma igreja, faria uma reunião de homens, distribuiria cópias gratuitas deste livro, e confiaria no Espírito Santo para chamar homens criados para serem reis. Como não sou, me certificarei de providenciar uma cópia para o meu pastor e ver o que o Espírito Santo o chama para fazer.

Acho que eu disse o suficiente! Que comece a leitura!

– Bill McCartney

Conteúdo

O Verdadeiro Rei

O Sonho do Rei

A Disciplina do Rei

Os Homens do Rei

O Rei e o Sacerdote

O Verdadeiro Rei

Alguns anos atrás, eu mergulhei nas Escrituras para entender por que existia tanto vazio dentro da igreja local. No mundo, sempre pareceu haver abundância de provisão, mas quando a igreja tem que executar os propósitos do Reino, nunca pareceu haver o suficiente... ou, em alguns casos, o 'suficiente' é violado ou egoísta. Deus me respondeu com uma visão verdadeiramente incrível.

Aos olhos da minha mente, eu estava de pé na porta de um enorme depósito. Era de grande proporção e cheio de milhares de coroas. Elas estavam empilhadas descuidadamente uma em cima da outra; cheias de poeira, sujeira, e manchadas. Era um lugar muito grande, e parecia muito estranho para mim.

O Senhor falou ao meu coração: Essas são todas as coroas que eu havia preparado para gerações de pessoas que já não estão mais na terra. Elas tinham o Meu chamado de rei em suas vidas, mas nunca escolheram ceder seu próprio trono e buscar a coroa que Eu tinha para elas.

Imediatamente, entendi por que há tanta falta no Corpo de Cristo hoje em dia. Muitos homens e mulheres não entendem a importância do chamado em suas vidas. Eles devem ser reis, e suas coroas estão esperando por eles...

Não podemos mais dizer para nós mesmos, "Eles deviam fazer isso, deviam fazer aquilo" ("Eles" está se referindo à igreja executando todos os tipos de justiça social). Acorde... NÓS somos eles!

UM

O Modelo do Rei

No Natal passado, eu estava curtindo os locais decorados de nossos bairros de Baton Rouge, casas decoradas com pisca-piscas, enfeites nas portas, e quintais cheios de ornamentos. Passei por uma casa que tinha um grande presépio no jardim da frente, e enquanto eu olhava para os detalhes de José, Maria, e Jesus, meus olhos foram atraídos para as estátuas dos famosos três reis que levaram seus preciosos presentes de ouro, incenso e mirra para o menino. De repente, bem ali em meio à agitação natalina, senti Deus falando ao meu coração, me dando uma pérola de revelação que explodiu dentro de mim. Vi algo que nunca havia visto antes.

Lá estava Jesus, o Messiânico Rei dos Reis, Deus Encarnado na terra, a Esperança para toda a humanidade. Obviamente, aquela criança possuía um grande destino para cumprir, já que a salvação da humanidade – passado, presente, e futuro – estava sobre Seus ombros. Posso apenas imaginar o peso e a honra que José e Maria devem ter sentido ao ter tido a responsabilidade de criar uma criança como aquela. Para complicar ainda mais, José foi instruído a viajar para o Egito logo após o nascimento de Jesus, a fim de fugir do maligno Rei Herodes e de sua busca por encontrar e matar o bebê Rei. Tendo que levar sua família e seus negócios para uma terra estrangeira, José, como a maioria dos pais, deve ter se preocupado com como iria prover financeiramente para sua família. Mas José seguiu, confiando em Deus, sabendo que ainda que Seu caminho para eles fosse o de enfrentar uma adversidade de vida ou morte, Ele providenciaria mais do que o necessário para a visão que Ele havia colocado em seus corações.

Aqui está o que me tocou profundamente naquele dia: Deus sabia que a família de Seu filho unigênito iria precisar de recursos já que durante os anos seguintes viveria em Belém, Egito, e outros lugares. Ele poderia ter escolhido qualquer forma de efetuar isso. Poderia ter feito Maria e José serem ricos. Poderia ter feito chover ouro no quintal deles quando precisassem. Poderia milagrosamente ter providenciado tudo o que precisassem, mas Ele não fez nada disso. Escolheu trazer as finanças necessárias através de alguns líderes influentes e bem-sucedidos. Escolheu confiar nesses reis para suprir as necessidades de Jesus e Sua família. E, como sempre, Ele estava certo. Não poderia ter escolhido homens de coragem e integridade mais nobres do que aqueles verdadeiros reis.

> **Quando Deus move, Ele sempre usa pessoas... sempre!**

Aqueles homens provavelmente eram famintos pela verdade já que diligentemente estudavam as estrelas à procura de informações que lhes dariam conhecimento sobre as coisas espirituais. Deus foi fiel em respondê-los revelando a chegada do Rei Messiânico (Mateus 2). Esse encontro dinâmico com a verdade de Deus os compeliu a agir. Eles foram imediatamente cheios com um forte desejo de dar algo de valor a Deus, e também usar discrição e proteger o que era precioso aos olhos de Deus. Eles não ficariam satisfeitos até que pudessem procurar o Rei, conhecê-Lo face a face, e oferecer-Lhe a adoração merecida com os mais extravagantes presentes que podiam dar. *Essa é a reação de um verdadeiro Rei.*

Aqueles reis estavam focados, pois mantinham os olhos na estrela que Deus lhes revelou para que seguissem. Eles não se desviaram do caminho nem olharam para as condições naturais à volta deles para determinar o destino. Eles confiaram em Deus e tiveram um só objetivo no propósito de encontrar aquele Rei e curvar-se em adoração. Tenho certeza de que quando chegaram à moradia de Jesus questionaram se aquela estrela estava realmente certa. Provavelmente, estavam procurando por uma moradia luxuosa, mas acabaram encontrando algo totalmente diferente. Seria possível que uma pessoa tão importante da realeza vivesse em condições tão humildes? No entanto, não deram atenção à sua própria sabedoria, e a recompensa foi poder olhar a face de Jesus. *Essa é a humildade e o foco de um verdadeiro Rei.*

Por fim, aqueles homens arriscaram tudo ao viajar para tão longe levando presentes de valor excepcional. Os presentes que levavam não eram apenas algo que haviam comprado numa loja qualquer; eram alguns dos melhores presentes que existiam naquela época. Além disso, decidiram não carregar apenas o que precisavam, mas se propuseram a levar tesouros em abundância para abençoar ricamente aquele novo Rei. Levar aquele tipo de presentes é equivalente a levar maletas de dinheiro nos dias de hoje. Correram alto risco de serem roubados ou até mortos ao longo da jornada, mas escolheram dar um passo de fé sabendo que Deus os protegeria. Seu encontro com a verdade de Deus limpou todo o medo já que os olhos deles não estavam em si mesmo. Eles possuíam uma necessidade interior de abençoar aquele Rei e nenhum risco faria com que a missão fosse abortada. *Essa é a paixão e a generosidade de um verdadeiro rei.*

Aquele dia foi a primeira vez em que eu parei para pensar não apenas na precedência significativa daqueles homens, mas também na enorme responsabilidade e honra que Deus coloca sobre o chamado do rei. Ele deu àqueles reis um dom de fé juntamente com poder de acumular riquezas e depois os instrui a usar aquelas riquezas não só para si mesmos mas também para avançar o Reino. E Ele ainda está chamando reis em nosso mundo de hoje. É tempo de pegar a coroa que está esperando por você.

Por causa da intenção deste livro, quando eu me refiro ao rei, estou me referindo aos homens ou mulheres de negócios; a pessoa que não está em ministério integral, mas faz parte da mão de obra do mundo. Porém, não para por aí... um verdadeiro rei é aquele com a missão de criar riquezas <u>para o propósito de estabelecer a aliança de Deus na terra</u>. Assim como aqueles reis que levaram ouro, incenso, e mirra em adoração a Jesus, os reis chamados por Deus hoje são aqueles que têm uma visão firme de expressar adoração a Jesus da mesma forma.

Como um empresário, isso me inspira e me motiva porque valida em meu coração o que eu acredito ser verdade: Os reis dentro do Corpo de Cristo são <u>vitais</u> para trazer a vontade de Deus para as igrejas locais de todos os cantos do mundo. Sem os reis, há apenas uma visão na igreja, e o inimigo número um de toda visão é a falta de provisão. Os ministérios hoje podem lançar as mais incríveis visões possíveis, mas até que o coração das pessoas seja tocado para trazer os recursos para essas visões, nada pode ser feito. Entretanto, quando os reis operam em seu verdadeiro chamado, a provisão é liberada e há abundância para que as visões dadas por Deus sejam cumpridas.

Acredito que essa pérola de revelação sobre o verdadeiro chamado do rei é significante e possui muitas facetas. Há muito que aprender com o exemplo daqueles reis do presépio. Deus está apresentando um modelo para nós através desses homens. Essa não foi a única vez em que homens providenciaram recursos para o plano de Deus na terra. Ele está reforçando um exemplo que foi apresentado inúmeras vezes na Bíblia sobre como Ele usa pessoas comuns como Moisés e Ester para levar influência e finanças necessárias para executar a justiça social, e ajudar os pobres e oprimidos neste planeta. Se Deus decidiu confiar naqueles homens para prover as necessidades de Seu próprio Filho, quanto mais Ele precisa que os reis de hoje se levantem dentro do Corpo de Cristo e providenciem recursos para a visão de Deus de espalhar o Evangelho em cada nação?

Há uma abundância de recursos em nosso planeta para tornar a mensagem de Cristo disponível para os povos de todas as nações. Há mais do que dinheiro suficiente para alimentar cada criança, providenciar cuidados médicos para cada idoso, e colocar uma bíblia nas mãos de todas as pessoas em seus respectivos idiomas. Mas Deus precisa que eu e você, como aqueles famosos reis, operemos em nosso chamado verdadeiro como reis e líderes de hoje. Precisamos suprir as finanças necessárias não apenas para levar a mensagem de Cristo para toda a humanidade, mas também ser os catalisadores para a segunda vinda de Jesus.

> É tempo de pegar a coroa que está esperando por você.

Se você é um homem ou mulher de negócios comprometido com sua igreja local, dando seu dízimo e suas ofertas, e ainda assim ás vezes se sente vazio em sua contribuição, se você tem um desejo em seu coração de fazer muito mais para o Reino, esse livro é para você! Como os famosos três reis, você possui uma necessidade dentro de si de fazer uma tangível diferença em seu mundo suprindo a provisão para a visão de Deus; Eu sei disso porque sinto o mesmo. Foi o que me inspirou a buscar a forma de Deus fazer isso acontecer na minha vida, e escrever esse livro.

Acredito que enquanto você lê as páginas seguintes, essas pérolas lhe ajudarão a entender seu chamado como um rei, saber como operar nesse chamado, e como alargar sua visão para cumprir sua missão como um conduite no Corpo de Cristo. Talvez você não tenha hoje a habilidade de doar como um rei, talvez você seja um universitário, um pai solteiro, ou um casal com o orçamento apertado. Mas, se você tem o coração de um rei, Deus pode e quer usar você. Seu coração é o que lhe qualifica, não uma quantia particular de dinheiro. Deus deseja que Seus reis ajam a partir de um esforço coletivo assim como a igreja primitiva descrita no Livro de Atos. Com o coração de um rei, tudo o que você precisa fazer é usar o que tem em mãos para doar e deixar Deus multiplicar. Este livro te ajudará a realizar seu chamado como um rei a partir de passos práticos sobre como encontrar a verdadeira prosperidade de um rei em seu espírito, alma, relacionamentos, e finanças.

A Estratégia do Rei

1. Os Três Reis eram focados unicamente em sua missão. Analise suas tarefas pessoais e de trabalho diárias a fim de eliminar qualquer atividade que não acrescente à sua vida.

2. Os Reis não olharam para as condições naturais como seu barômetro para seguir as instruções de Deus. Saiba que ás vezes as melhores oportunidades de Deus não chegarão à sua porta embrulhadas num papel brilhante.

3. Foi na sede pela verdade dos reis que Deus lhes revelou a chegada de Seu filho. Você está sedento pelas coisas de Deus? Se não, avive a paixão por Sua verdade.

Meditação do Rei

"Então Jesus declarou: 'Eu sou o pão da vida. Aquele que vem a mim nunca terá fome; aquele que crê em mim nunca terá sede.'"

— João 6:35

"O Deus da paz, que pelo sangue da aliança eterna trouxe de volta dentre os mortos a nosso Senhor Jesus, o grande Pastor das ovelhas, os aperfeiçoe em todo o bem para fazerem a vontade dele, e opere em nós o que lhe é agradável, mediante Jesus Cristo, a quem seja a glória para todo o sempre. Amém."

— Hebreus 13:20-21

DOIS

A BUSCA DO REI

Reis odeiam ter falta de provisão. Existe na alma de todo rei uma busca primitiva de possuir um rico tesouro para que possa prover para sua família, seus empreendimentos e seu Deus. Um dos cenários mais dolorosos que um rei pode enfrentar é ser apresentado a uma oportunidade de contribuir para uma causa do Reino e não possuir os recursos necessários. Esse é o tipo de coisa que consome um rei por dentro porque a escassez é a coisa que ele foi designado para corrigir. Certa vez ouvi um pastor na Austrália dizer: "Não já <u>nada</u> de glorioso na escassez." O rei foi criado por Deus para possuir grande riqueza a fim de estabelecer Sua Aliança na terra. Ele deve se engajar na batalha dos negócios, conquistar novos territórios, e trazer os despojos do mundo de volta para a casa de Deus. Reis <u>odeiam</u> ter falta de provisão.

Em meados dos anos noventa, eu perdi um negócio de milhões de dólares devido a circunstâncias além do meu controle (entrarei em mais detalhes nos últimos capítulos), e enquanto eu caminhava por aquele tempo de reconstrução, experimentei a maior escassez em todas as áreas da minha vida, desde finanças até relacionamentos e emoções. Durante aquela época, um pensamento recorrente em minha mente era: "Isso não está certo. Sou um filho do El Shaddai, o Deus Que é Mais Que Suficiente, e não deveria estar andando nesta vida apenas sobrevivendo. Sei que Deus me chamou para ser um rei, eu deveria ter algum nível de abundância em todas as áreas!" Eu estava focado em receber uma revelação de Deus que confirmasse esse desejo.

Em João 10:10, Jesus disse que veio para que nós pudéssemos ter vida abundante, e eu me recusei a acreditar que a abundância vinda de Jesus é do tipo inconstante. Havia algo que eu não estava alcançando. Eu queria bênçãos em abundância de Jesus, não apenas acerca de dinheiro, mas também em cada esfera da minha vida, e queria que essas bênçãos fossem mantidas. Sempre haverá épocas de plantio e de colheita, mas eu estava convencido de que para o filho de Deus essas épocas eram simplesmente diferentes níveis de abundância. Mergulhei na Palavra e busquei ao Senhor por uma resposta.

Enquanto eu estava estudando todos os versículos que podia sobre bênçãos e prosperidade de Deus, um de meus amigos mais próximos me telefonou e começou a falar sobre um versículo que eu estava lendo; essa era a resposta que eu estava procurando! Deus usou aquele versículo para despertar em mim o segredo para todas as bênçãos e o sucesso de Deus. Além disso, confirmou em meu coração a fé de ter bênção constante em minha vida. Encontra-se no livro de Números.

Deus havia prometido aos Filhos de Israel que Ele iria levá-los à terra prometida, uma terra que manava leite e mel. Quando chegaram à terra de Canaã, o povo enviou 12 espias para ir e trazer informação sobre o tipo de resistência que encontrariam quando tomassem a terra. Quando retornaram, dez dos doze espias espalharam medo entre os judeus ao dizer que as tribos que ocupavam Canaã eram um inimigo muito forte para ser enfrentado. No entanto, Josué e Calebe não concordaram e tentaram acender a fé do povo em Deus declarando: *"Se o Senhor se agradar em nós, ele nos fará entrar nessa terra, onde fluem leite e mel, e a dará a nós." (Números 14:8, tradução livre do inglês NKJV)*

A maioria de nós já ouviu e leu essa história diversas vezes; Eu já. Porém, naquela vez, eu enxerguei algo mais profundo. Primeiro, a Terra de Canaã não era apenas um local; ela representa a qualidade da bênção e a mentalidade que Deus deseja que todos os Seus filhos abracem. Essa abundância de vida era para os Filhos de Israel, é para você e eu hoje, e é para qualquer crente que vier a existir. Segundo, (e essa era a chave que eu procurava) aqueles dois homens descreveram que a terra manava leite e mel, querendo dizer que manava todas as coisas boas (provisão). Em outras palavras, a bênção da terra era contínua, em todo o tempo. Eles não disseram que a terra possuía grande quantidade de leite e mel; disseram que fluía como um rio contínuo, bênção constante!! Para cada um de seus reis, Deus tem uma terra prometida que é cheia de Sua bênção contínua; nós simplesmente precisamos tomar posse dela.

Finalmente, e essa é a revelação mais importante que eu recebi desse versículo, pois revela como possuir nossa "Terra Prometida", ele diz: "Se o Senhor se agradar em nós..." Quão poderosa é essa curta frase! Ela diz "em nós" e não "conosco". "Conosco" iria se referir ao Senhor se agradando com nossas obras, nosso comportamento.

> Acreditar na promessa sempre impedirá o desânimo.

"Em nós" se refere a Ele fazendo morada em nossos corações, habitando em nós, e sendo um conosco. Deus está muito mais preocupado com viver "em nós" do que com a existência de uma série de regras comportamentais em que Ele possa deleitar-se.

Como reis, terminamos as tarefas com excelência, e se o versículo dissesse "Se o Senhor se agradar conosco" ao invés de "em nós", não seríamos morada Dele. Somos homens e mulheres de ação, mantemos nossa meta alta e nos focamos e disciplinamos para alcançá-la. Se nosso relacionamento com Deus pudesse ser baseado em nossas atividades e conquistas, todos nós estaríamos aproveitando um forte e íntimo relacionamento com nosso Pai no céu. Entretanto, esse não é o caso, porque a maioria de nós geralmente está tão ocupada nas batalhas do mundo dos negócios que negligenciamos o tempo que podemos passar com Deus e ter experiências com Ele em nós.

Quando tentamos basear nosso relacionamento com Deus em nossa sabedoria de Sua Palavra, ou em nossa influência em Seu Reino, ou mesmo na quantia de dinheiro que doamos, não temos nada além de um relacionamento superficial com Ele. Jeremias 9:23 diz:

Jeremias 9:23 e 24 diz:

"Assim diz o SENHOR: Não se glorie o sábio na sua sabedoria, nem se glorie o forte na sua força; não se glorie o rico nas suas riquezas, mas o que se gloriar, glorie-se nisto: em me entender e me conhecer, que eu sou o SENHOR, que faço beneficência, juízo e justiça na terra; porque destas coisas me agrado, diz o SENHOR." (Almeida Revisada e Fiel)

Esses versículos nos dão os meios pelos quais convidamos a Deus para agradar-se em nós; é simplesmente nos dedicando à busca por conhecê-Lo. Não tem nada a ver com nossa educação, o quanto sabemos, quanto dinheiro temos, ou quão populares somos. Os fariseus tinham todas essas coisas e a única coisa que Deus não fez foi agradar-se neles. Jesus falou veementemente a esses homens ao ponto de chamá-los de "hipócritas" e "raça de víboras".

Deus clama por intimidade conosco; foi a razão pela qual Ele nos criou. Ele quer construir Sua morada em nossos corações e compartilhar um relacionamento mútuo de pensamentos, sentimentos, visões e sonhos. A partir desse relacionamento, e somente a partir dele, brotarão bênçãos em todas as áreas de nossas vidas. Isso não quer dizer que a abundância de Deus seja um pagamento pelo tempo que passamos com Ele, mas é simplesmente o produto natural de ter o Deus Mais Suficiente vivendo dentro de nós. Quando nos encontramos Nele e quando Ele se expressa através de nós, é como espremer a água de uma esponja. A abundância para cada área de nossas vidas simplesmente fluirá de cada palavra e feito nossos.

Como reis, devemos ter consciência de que o sucesso do plano de Deus na terra é dependente de nossa habilidade de trazer os recursos necessários. Devemos nos dedicar a descobrir e viver uma vida de bênção constante, e isso só pode acontecer quando Deus se agrada em nós. Desde que me comprometi a colocar meu relacionamento com Deus em primeiro lugar na minha vida, e buscar intimidade com Ele como uma necessidade vital, passei a experimentar as verdadeiras riquezas da vida. O Deus do Universo é meu amigo e compartilhamos um com o outro o que está em nossos corações todos os dias. Eu tenho um casamento maravilhoso e apaixonado, recebi o privilégio de criar cinco filhos, cada com dons únicos que crescem no amor de Jesus, e meus negócios são organizados por Deus, experimentam o favor sobrenatural Dele e estão crescendo.

Não tenho experimentado situações de grande escassez. Pelo contrário, Ele tem me levado a descobrir a abundância em cada trabalho, e quando eu digo "abundância" não estou apenas falando de centenas de dólares para colocar na sacola de ofertas. Estou falando de, junto com meus sócios, poder doar recursos significantes (que, enquanto crescemos em caráter e relacionamento com Deus, irão crescer exponencialmente).

Todo rei deve trabalhar arduamente dentro de si para construir uma fundação baseada em permitir que o Senhor se agrade nele. Essa fundação nos guiará a uma terra que flui com leite e mel, uma vida de bênção contínua. Então, não importa quais obstáculos enfrentemos, ou que caminho a economia nacional siga, não seremos afetados porque não operamos sobre a fundação do mundo. Os próximos capítulos deste livro lhe darão os tijolos necessários para construir essa fundação, e quando você aplicá-los em sua vida, encontrará a bênção constante de Deus fluindo em cada esfera de sua vida.

A ESTRATÉGIA DO REI

1. O que você possui neste mundo nunca deve definir quem você é, mas o que você geralmente faz com o que possui.

2. Quando alguém está passando por necessidade e você tem o poder de ajudá-lo, sempre seja generoso. Essa não é apenas uma verdade bíblica, mas também uma forma de matar a ganância.

3. O desejo de um rei deve estar alinhado com o coração de Deus para o bem dos pobres, dos órfãos, das viúvas, e dos oprimidos. Ele está chamando você para fazer a diferença!

Meditação do Rei

"O Reino dos céus também é como um negociante que procura pérolas preciosas.
Encontrando uma pérola de grande valor, foi, vendeu tudo o que tinha e a comprou."

— Mateus 13:45-46

"Sejam praticantes da palavra, e não apenas ouvintes, enganando-se a si mesmos"

— Tiago 1:22

O Sonho do Rei

Deus coloca sonhos dentro do coração de todas as pessoas e depois senta empolgado, esperando que cada um ouse a buscá-los. Abraçar um sonho de Deus requer muita coragem, pois como diz Don Matheny, Pastor Senior da Nairobi Lighthouse Church, "Quando Deus nos chama para fazer algo, sempre parece impossível, irracional, e muito caro!" Ele é o Rei do Universo, então nunca tem uma visão do tamanho da mente humana para Seu povo.

Como resultado, nenhum de nós pode possuir as realidades desses sonhos através de nossas próprias forças e devemos trocar a fé em nossa habilidade pela fé no poder de Deus que trabalha em nós. Isso requer grande coragem, mas somente após nos rendermos ao plano de Deus é que iremos começar a experimentar uma vida de entusiasmo que preencherá o vazio em nossas vidas e nos trará o que verdadeiramente nos enche. Nenhum esporte radical poderia competir com a empolgante sensação de uma pessoa que escolhe perseguir os sonhos dados por Deus.

TRÊS

O PODER DE UM SONHO

Sou um sonhador por natureza e estou sempre visionando novas formas de lançar um produto, melhorar um negócio, ou criar mais recursos para investir na obra do ministério. Meus pais me dizem que sempre fui criativo assim; na verdade, meu pai sempre conta uma história engraçada de como, quando eu tinha cinco anos de idade, já colocava em prática meus dons criativos como um sonhador e negociador.

Durante o verão, um caminhão de sorvetes percorre as ruas residenciais vendendo suas delícias congeladas. Eles sempre tocam uma música cafona e anunciam os sorvetes através de uma caixa de som localizada no topo. Assim que as crianças ouvem aquele som, elas se aproximam correndo com o dinheiro na mão. Na minha vizinhança não era diferente, exceto pelo fato de que minha mente intuitiva de cinco anos de idade tinha um plano de fazer o negócio de distribuição de sorvetes muito mais eficiente para meus amigos e para mim já que eu poderia comer muito sorvete e ainda lucrar um pouquinho.

Certo dia, abordei o Moço do Sorvete e consegui convencê-lo a me dar os produtos congelados em crédito e voltar no fim da semana para coletar o dinheiro. Acho que ele queria tornar o trabalho dele mais fácil, então me deu os produtos, e em troca eu os vendi para os meus amigos por um preço um pouco mais alto. Meus pais ficaram surpresos ao abrir a porta no fim da semana para um vendedor de sorvete pedindo o total de vendas do filho deles! Esse foi o começo da minha vida como um sonhador que tinha o entendimento de que o que era pensado poderia ser realizado.

Com pouca idade, eu não sabia que na verdade isso era uma lei espiritual. Em Gênesis 41:38, Faraó diz sobre José: *"o Espírito de Deus vive nele com um sonho"* (tradução livre do inglês.) Essa é uma mensagem convincente porque nos mostra que quando um homem ou uma mulher dá um passo de fé e toma posse dos sonhos de Deus em seus corações, receberá capacidade para caminhar nesses sonhos através do Espírito Santo vivendo neles.

Em março de 2001, eu tive uma oportunidade de aplicar essa verdade na minha vida quando recebi um sonho no meio da madrugada que mudou a minha vida. Tenho que admitir; receber uma palavra como essa de Deus durante o sonho era raro para mim, então quando aquilo aconteceu, eu escrevi para que pudesse lembrar. Deus me disse que Ele estava procurando por pessoas que se levantariam com o Corpo de Cristo e ter a responsabilidade de financiar a obra de Seus ministérios em volta de todo o mundo. Ele queria colocar um 'Manto de José' em mim (José do livro de Gênesis) e em todos aqueles que atendessem ao Seu chamado e se permitissem ser as fontes de Seus recursos. Ele disse que um Manto de José é o necessário para levar a riqueza do mundo para a igreja local e plantá-la como recurso. Foi um encontro muito poderoso para mim.

Como você pode imaginar, eu fiquei extremamente ansioso para me tornar uma fonte dos recursos do Mestre do Universo (Alô? Quem não gostaria?) mesmo que eu ainda não tivesse entendido muito bem o que significava "Manto de José". No entanto, eu sabia que tudo que eu tinha que fazer era pegar minha Bíblia, estudar a vida de José, e o Espírito Santo me daria sabedoria para entender. Os meses seguintes foram tão maravilhosos porque todo lugar a que eu ia se tornava inundado com a mensagem da vida de José. As pérolas de revelação que eram reveladas a mim enquanto eu lia sobre a vida dele no livro de Gênesis eram muito mais transformadoras do que eu poderia ter imaginado. Verdadeiramente comecei a compreender o poder de possuir um sonho.

José havia recebido um sonho em que ele se tornaria uma pessoa com grande autoridade. É interessante que em várias passagens a Bíblia chama José de sonhador, e na língua hebraica a palavra para "sonhador" é traduzida como: mestre, capitão, chefe, e proprietário. Essas palavras definitivamente foram usadas para descrever o chamado na vida de José ainda que ele tivesse que enfrentar duas décadas que pareciam exatamente o contrário.

Enquanto jovem, despertou a inveja de seus irmãos ao compartilhar com eles o sonho que havia tido de que um dia iria governar sobre eles. Seus corações já tinham algo contra ele por causa do favoritismo que o pai mostrava ter para com José, e como nenhum irmão mais velho gosta de sentir-se ameaçado pela dominação do mais novo, eles queriam se livrar dele o mais rápido possível. Quando passaram por um grupo de ciganos estrangeiros, o plano de matá-lo se converteu em um que pudesse gerar lucro. Eles venderam o irmão, dando início a anos de escassez já que José se tornou um escravo e depois um presidiário. Poderíamos achar que as circunstâncias que ele enfrentou o teriam destruído, mas José tinha um sonho.

Nos próximos capítulos deste livro, iremos entrar em mais detalhes sobre as provas, os desafios, e o testemunho de José, mas há uma qualidade dele que se destaca acima de todas as outras. Na verdade, foi a força que fez com que ele encontrasse e alcançasse grande sucesso. Essa foi sua decisão firme, nunca esquecer ou deixar perder-se o sonho recebido de Deus de que ele seria usado para mudar o mundo. Não importa quão escuras as circunstâncias ao redor dele, mesmo durante aqueles 13 anos em que sofreu traição, preconceito, calúnias e prisão, ele nunca perdeu a esperança de que seu Deus seria fiel e cumpriria Sua promessa. A partir de seu compromisso com a integridade e com a excelência durante aqueles anos, podemos ver que ele não se permitiu sentir auto piedade ou depressão; ele acreditou e confiou que seu Deus cumpriria os profundos desejos de seu coração.

Essa atitude é um elemento muito importante do Manto José. Deus está procurando por homens e mulheres que possuam esse tipo de força interna, que não estejam prontos para jogar a toalha em seu primeiro encontro com a oposição. Deus planejou um destino significante para cada um de nós e por isso pôs um sonho e uma visão dentro de nossos corações. A fim de ver nossos destinos acontecerem, devemos ser como José e enfrentar a adversidade que vem ao nosso caminho com determinação para nunca desistir ou diluir os sonhos dentro de nossos corações.

> ♚
>
> **Deleite-se no Senhor, e ele atenderá aos desejos do seu coração.**
>
> **Salmos 37:4**

Em 1993, eu morava no Texas quando iniciei um serviço de compra de automóveis elaborado para que celebridades e executivos pudessem ter a possibilidade de achar, comprar, e financiar carros sem sair de casa ou do escritório. Não havia mais ninguém tentando montar esse tipo de negócio naquela época e a empresa foi um tremendo sucesso atingindo $50 milhões em vendas em dois anos. Eu vivia na alta sociedade, me locomovia em jatos particulares, dirigia Ferraris, convivia com celebridades, e doava $100,000 para missões mundiais. Eu não tinha nenhuma preocupação neste mundo; ou pelo menos pensava que não.

Enquanto eu estava distraído sendo "o cara", não percebi que algumas empresas novas e de potencial a minha volta não estavam felizes com minha fortuna. Minha nova forma de vender carros ameaçava seus lucros, pois a maioria de seu dinheiro vinha dos compradores que compravam e financiavam carros através deles. Em minha distração com o sucesso, eles foram capazes de minar e destruir completamente minha empresa.

Eles pressionaram a aprovação de algumas leis estaduais que tornavam ilegais os serviços que minha empresa oferecia no estado do Texas. De uma noite para outra, fui de capa de revistas de negócios para um cara que era dono de um negócio ilegal.

Ainda que eu não estivesse fazendo nada errado ou imoral, a percepção de todos acerca de mim se transformou rapidamente. As pessoas me julgavam enquanto minha empresa retrocedia e procurava meios de se reestruturar por causa daquela nova lei. Aqueles que eu pensava serem meus amigos me abandonaram, e parecia não haver ninguém que pudesse me ajudar a sair daquela incrível bagunça. Lembro-me de que deitei encolhido no chão do banheiro da minha luxuosa casa de três andares, clamando a Deus desesperadamente. Imagino que houve alguns dias na prisão em que José se sentiu assim.

Como José, eu tinha uma decisão para tomar. Em meio à humilhação de acusações injustas, tive que decidir em meu coração se iria desistir do desejo do meu coração de tornar-me um empresário influente ou se jogaria a toalha e arranjaria um emprego em algum lugar. A tentação de escolher um emprego qualquer era forte já que eu tinha uma esposa, três filhos pequenos, e uma hipoteca altíssima para pagar! Mas eu tinha o poder de um sonho dentro de mim que não me deixaria desistir. Enquanto eu buscava a face de Deus, Ele enchia meu futuro de esperança e promessas e me dava coragem para começar de novo. No entanto, devo dizer que isso ocasionou sete meses de intensa auto inspeção, pois eu sentia a Palavra de Deus me desmoronar, reparar, e me dar uma nova pintura... Uma Reconstrução Total de Deus!

Até hoje, não sei como pudemos sobreviver àquela temporada sem ter que declarar falência; as contas não fazem sentido. O que eu sei, porém, é que Deus agiu de forma poderosa e sobrenatural para suprir nossas necessidades quando vendemos nossa casa (por 38% a mais do que qualquer outra casa naquele bairro) e nos mudamos para Baton Rouge. Ele me protegeu e me fortaleceu enquanto eu trabalhava para prover para minha família como um vendedor iniciante, e alguns meses depois iniciava outro negócio no porão da minha casa alugada. Dentro de poucos anos, eu estava me recuperando aos pouquinhos, mas dessa vez com muito mais sabedoria e experiência do que antes. Meu pai chamou isso de "conseguir um MBA de Harvard da maneira mais difícil."

> 👑
>
> **É a Jornada que te constrói... Não desperdice nenhuma parte da sua história.**

Além disso, apenas para testificar sobre como Deus traz restauração completa para nossas vidas, o negócio que iniciei em Louisiana oferecia alguns dos serviços de compra de automóveis que eu havia criado no Texas. Eu presenciei o mesmo nível incrível de crescimento juntamente com o mesmo tipo de adversidade. Mais uma vez, algumas empresas da área se sentiram ameaçados com o potencial do meu sucesso e começaram a registrar reclamações contra mim na Comissão de Veículos Motores de Louisiana e tentaram fazer ser aprovada a mesma lei que meus antigos colegas do Texas trouxeram à tona. A única diferença foi que dessa vez eu havia aprendido com aquele tempo no deserto e não iria voltar para o Egito (como os filhos de Israel queriam fazer em Êxodo).

Eu já não me deixava distrair pelas notícias da imprensa, pelo dinheiro, o ego e o sucesso. Em vez disso, meus olhos estavam focados em Deus, pedindo-Lhe para mostrar-me qualquer oposição potencial. Eu havia feito um amigo que era um lobista muito influente com o coração voltado para Deus e ele me deu a notícia do novo projeto de lei assim que foi submetido. Nós fomos capazes de não apenas impedir aquelas tentativas malignas contra mim, mas também, através de uma série de circunstâncias, fomos colocados numa posição favorável para enviar nosso próprio projeto de lei que foi aprovado. Agarramos aquela oportunidade e projetamos uma lei que protegia tudo aquilo que estávamos tentando construir.

Depois, Deus trouxe porção dobrada de restauração que estava acima e além do que eu podia imaginar. Fui indicado pelo governador de Louisiana para ser o encarregado da Comissão de Veículos Motores. Esse cargo ajuda a regular e executar todas as leis relacionadas à indústria de automóvel e financiamento. Ter esse título me colocou numa posição de autoridade sobre todas as pessoas que tentaram se livrar de mim!

Deus é tão fiel. Os sonhos e os desejos que você tem no coração de prosperar sem medida não vêm de você; eles foram colocados lá por Deus. E Ele é verdadeiro para fazer cada detalhe desses sonhos virar realidade. Mas cabe a você perseverar nesses sonhos. Assim como vemos na vida de José, oposição acontece. Injustiça acontece. Inveja acontece. Acusações e desencorajamento acontecem. Porém, quando usamos o poder de nossos sonhos como uma arma ao invés de passivamente permitir que eles se percam, receberemos força para fazer com que eles se realizem. Como José, nunca devemos ter pena de si mesmos e aceitar a derrota. Quando fazemos isso, não iremos apenas nos levantar melhor, mais fortes, e mais sábios do que antes, mas também possuiremos a promessa que Deus colocou em nossos corações.

A ESTRATÉGIA DO REI

1. Deus não se impressiona com a visão humana. Se ela não inclui Deus, então não é grande o bastante. Separe um tempo para escrever o que realmente está em seu coração. Não exclua aquelas ideias que parecem grandes demais para serem realizadas... as grandes demais podem ser as inspiradas por Deus!

2. Quanto maior o sonho, maior a ameaça do inimigo. Esteja preparado para ser repreendido assim como José foi. Não permita que aqueles que dizem NÃO façam você recuar.

3. Um homem com um sonho sempre avançará à frente daquele sem um. Não seja covarde: saia da arquibancada, saia do banco e entre no jogo! Lembre-se, só porque você está de pé no campo não quer dizer que você faz parte do jogo. Se não se empenhar, será apenas mais um jogador na defesa.

Meditação do Rei

"'Porque sou Eu que conheço os planos que tenho para
vocês', diz o Senhor, 'planos de fazê-los prosperar e não de
lhes causar dano, planos de dar-lhes esperança e um futuro.
Então vocês clamarão a Mim, virão orar a Mim, e Eu
os ouvirei. Vocês Me procurarão e Me acharão quando
Me procurarem de todo o coração. Eu Me deixarei ser
encontrado por vocês', declara o Senhor, 'e os trarei de volta
do cativeiro. Eu os reunirei de todas as nações e de todos os
lugares para onde Eu os dispersei, e os trarei de volta para o
lugar de onde os deportei', diz o Senhor."

– Jeremias 29:11-14

"Em lugar da vergonha que sofreu, o meu povo receberá
porção dupla, e ao invés da humilhação, ele se regozijará
em sua herança; pois herdará porção dupla em sua terra, e
terá alegria eterna."

– Isaías 61:7

QUATRO

TESTANDO O SONHO

José era apenas um menino quando recebeu o sonho de Deus de que um dia ocuparia uma posição de grande autoridade. Duvido que o jovem José imaginava acabar sendo o segundo no comando da então nação mais poderosa do mundo, mas de alguma forma sentia que aquele chamado o levaria a alguma posição de poder. Como a maioria de nós, ele estava empolgado para ver seu sonho dar frutos, mas seriam necessários alguns testes antes de experimentar uma tangível realidade. José enfrentou muitos desafios lamentáveis, mas usou cada um deles para lutar contra sua carne e construir seu caráter.

Sempre escutamos que provas e testes constroem nosso caráter. "Alegre-se quando enfrentar uma prova, pois você sairá dela melhor e mais forte do que antes!" Não quero desrespeitar qualquer religião, mas isso não é verdade. Enfrentei algumas provas em minha vida em que falhei e acabei deitado no tapete cuspindo alguns dentes. Conheci pessoas que foram completamente derrotadas na tribulação e que já não vivem mais para Deus. A prova em si não constrói nosso caráter; é como respondemos à prova que o constrói. Como falamos, como agimos ou reagimos, e quais escolhas fazemos são vitais para passarmos no teste do sonho. Ser capaz de passar por essas provas com coragem, integridade, e vitória é uma qualidade essencial do Manto de José, e ao estudar a vida de José podemos encontrar alguns pontos valiosos sobre como alcançar isso.

José pôde ser literalmente usado por Deus para salvar uma nação, e quando virmos alguns de seus desafios nas próximas páginas, ficará claro que a razão porque Deus podia confiar nele era que ele sabia como falar e agir quando enfrentava as mais indesejáveis circunstâncias. Mas, primeiro, vamos começar pelo teste que José não enfrentou bem de imediato. Eu o chamo de prova "Fique de Boca Calada".

José sabia que era o favorito do papai; ele possuía um casaco bem excêntrico para provar isso e que, a propósito, ele não tinha vergonha de usar. Além disso, ele sabia que a maioria de seus irmãos tinha inveja e raiva do tratamento preferencial que recebia. Aqueles de nós que já experimentaram algum tipo de rivalidade em família, sabem que isso se torna mais grave quando esse tipo de favoritismo existe. Quando José teve o sonho simbólico de que seus irmãos se curvariam diante dele, a última coisa que ele deveria ter feito era abrir a boca. Entretanto, ele era imaturo e orgulhoso, e não pôde se conter. Ele gostava do sentimento de superioridade e queria ostentá-lo.

Acho que todos nós podemos nos identificar com essa situação. Bem, pelo menos eu sim. Houve vezes em que eu corri para contar uma visão ou sonho que Deus havia me dado quando não deveria ter compartilhado com ninguém. Em um dos meus primeiros negócios em Houston, eu sabia que Deus havia me dado um versículo, Gálatas 6:7, sobre o sucesso daquele empreendimento. Ele dizia:

"Não se deixem enganar: de Deus não se zomba. Pois o que o homem semear, isso também colherá."

Fui bastante audaz ao proclamar esse versículo para meus funcionários e repeti-lo em várias reuniões de equipe. Inclusive, coloquei-o no meu material de marketing. Era o meu lema. O que não percebi foi que aquele versículo era na verdade um aviso pessoal de Deus sobre algumas escolhas que eu estava fazendo na minha vida particular e que precisavam mudar. Quando tudo começou a desmoronar, foi humilhante ver que as palavras que eu pregava para meus funcionários eram exatamente o que faltava no meu caráter.

Discrição é um elemento vital do Manto de José. Quando Deus nos dá uma palavra, uma visão, ou uma estratégia, devemos ser discretos acerca de com quem compartilharemos aquelas pérolas preciosas. Em Mateus 7:6, Jesus nos avisa: *"Não deem o que é sagrado aos cães, nem atirem suas pérolas aos porcos; caso contrário, estes as pisarão e, aqueles, voltando-se contra vocês, os despedaçarão."* Isso foi exatamente o que aconteceu com José. Ele lançou suas pérolas aos irmãos e pagou um enorme preço. No entanto, o que seus irmãos planejaram para o mal, Deus planejou para o bem, pois usou aqueles 13 anos para preparar José. Os anos em que ele foi escravo e prisioneiro o ensinaram a como se livrar do ego e do orgulho enquanto vivia em humildade e servidão. Esses traços de caráter foram imperativos para que ele aprendesse e pudesse ser preparado para liderar uma nação inteira.

De forma muito mais nobre, José passou por uma série de testes na casa de Potifar, com maturidade e integridade. Primeiro, ele aprendeu a servir e empenhar-se por excelência não importa quão pequena fosse a tarefa. Isso fez com que ele ganhasse o favor de Potifar, que em troca começou a dar a ele mais e mais autoridade sobre sua propriedade até que finalmente havia confiado a José todas as coisas e seus

> Nunca compartilhe informação ou um problema pessoal com alguém que não esteja equipado para te ajudar a resolvê-lo.

mínimos detalhes. Gênesis 39 diz que Potifar nem mesmo sabia o que possuía a não ser o que José lhe informava e o que estava diante dele. Isso é uma grande confiança.

José poderia ter se apossado de qualquer quantia do dinheiro de Potifar, pois sabia que nunca seria pego. Poderia ter manipulado os outros empregados a serem leais somente a ele. Poderia ter tirado vantagem de sua posição de diversas formas, mas nunca o fez. Ele escolheu confrontar cada situação e tentação com honestidade e liderança exemplar.

Eu gosto de chamar esse teste de "A Liga do Quintal". Muitas pessoas têm o sonho de ser como José e chegar a "Liga de Faraó", mas não estão dispostos a pagar o preço dos pequenos começos. São muito bem formadas para ocupar um cargo inicial na empresa de seus sonhos ou nunca poderiam aceitar o emprego dos sonhos se isso significar ter uma redução de salário ou realocação para uma cidade indesejada. Elas querem o resultado final, mas não querem sacrificar nada para alcançá-lo. Em outras palavras, realmente não o querem. Seus sonhos são apenas uma simples fantasia.

O que elas não entendem é que o caráter necessário para sobreviver nas grandes ligas é desenvolvido e amadurecido na Liga do Quintal. A servidão de José a partir das menores tarefas foi a principal coisa que o qualificou para a Liga de Faraó mais tarde. Sua habilidade de administrar a riqueza de Faraó sem cair na cilada da ganância foi exatamente o que tornou pronto para cuidar da riqueza da nação mais poderosa do mundo. Ele não estava tentando fazer seus sonhos se realizarem através de suas próprias forças ou planos, simplesmente executou seu caminho para a grandeza.

Há muito mais exemplos na vida de José sobre como se tornar perito nas provas de caráter: sua paixão por pureza em relação à esposa de Potifar, sua humildade de servir às pessoas durante seus anos na prisão, sua fidelidade e integridade em ocupar uma posição de imenso poder e autoridade. Mas o último no qual quero focar é aquele que acredito ter sido a chave principal de seu sucesso durante o curso de sua vida: sua habilidade de perdoar.

Quando os irmãos de José finalmente chegaram e se curvaram diante dele implorando por misericórdia e provisão, foi quase três décadas depois da época de seus sonhos. José tinha todo o direito de lembrar-se das dores que seus irmãos lhe causaram, de insultá-los por todos os anos perdidos, e devolver a injustiça que fizeram a ele quando era jovem. Mas ele não fez nada disso. Ele compreendeu o poder do perdão e seu desejo de restauração com sua família superou qualquer tentação de vingar-se. Além de ter compaixão por seus irmãos, os abençoou além do que eles esperavam. Apesar de que requer muita coragem perdoar aquelas pessoas que nos maltrataram e nos causaram dor, as recompensas superam grandemente a vulnerabilidade.

No último capítulo, descrevi como perdi meu primeiro negócio multimilionário em poucas semanas. Aquele definitivamente foi um dos pontos mais baixos da minha vida. Senti a humilhação da derrota e fui duramente julgado por muitas pessoas. Tinha sócios que poucos dias antes da quebra pareciam ser meus amigos, mas me abandonaram completamente. Restaram-me poucos companheiros no Corpo de Cristo. Um dos homens que viraram as costas para mim quando mais precisei foi um homem chamado Chris.

Alguns anos após a quebra do meu negócio no Texas e meu novo início em Louisiana, recebi uma ligação do Chris expressando desejo de encontrar-me. Ele havia acabado de sofrer uma traição. Ele começou a reunião se desculpando sinceramente e dizendo que sentia muito por ter me tratado mal naquela época. Explicou-me que seu sócio majoritário havia exigido que ele não me oferecesse nenhuma ajuda. Ele permitiu que aquele homem o convencesse de que se ele tivesse alguma relação comigo, o negócio deles poderia ser "culpado por associação", e correria o risco de ter uma imagem ruim aos olhos do público. Ele humildemente admitiu todos os erros que cometeu e estava ansiosamente buscando perdão e restauração. Eu poderia ter escolhido respondê-lo com um falso "Sem problemas, irmão, eu te perdoo", seguir em frente com a minha vida e nunca mais falar com ele. Em vez disso, decidi investir naquele homem, ter uma conversa profunda sobre o acontecido, e oferecer-lhe perdão verdadeiro.

Deus já havia me preparado para perdoá-lo dois meses antes, apesar de eu só ter percebido isso durante uma retrospectiva. Eu havia lido um artigo que listava as 50 maiores igreja nos Estados Unidos e aquilo me incentivou a estudar o conceito de unidade em meu tempo de leitura bíblica. Senti Deus falar ao meu coração que se aquelas 50 igrejas se unissem em concordância, apesar de suas diferenças doutrinárias, e levantassem seus recursos e influência, elas poderiam mudar o mundo. Foi uma visão incrível, parecida com a primeira igreja descrita no Livro de Atos.

Deus continuou a me dizer que Ele estava sobrenaturalmente dando aos cristãos a oportunidade de restaurar relacionamentos que haviam sido destruídos por causa de transação de negócios que não haviam dado certo, e de sócios dentro do Corpo de Cristo que haviam permitido que brigas e ganância os separassem. Ele estava arranjando encontros divinos que abririam a possibilidade de reconciliação, e para aqueles que escolhessem humilhar-se e perdoar, Ele derramaria porção dobrada em todos os seus empreendimentos. Aqueles que não fizessem isso, Ele julgaria severamente. Sem saber, aquele estudo com Deus suavizou meu coração e plantou em mim um desejo sincero de restauração com Chris.

Fico muito feliz que eu tenha feito essa escolha, pois hoje ele é meu sócio e querido amigo. Ele é absolutamente uma pessoa chave nos empreendimentos em que invisto hoje, está em total acordo com meus sonhos e visões, e honra o dom e a unção de Deus em minha vida. Ele é o sócio perfeito para mim porque é excelente nas áreas em que sou fraco, e sem ele eu não teria a quantidade de sucesso que tenho hoje.

Todo rei deve aprender a perdoar, especialmente quando aqueles que nos machucam e nos julgam duramente retornam buscando por perdão. Nunca conheceremos as bênçãos que existem do outro lado do perdão até que o exploremos.

Precisamos entender que quanto maior é o sonho em nosso coração, maior é a ameaça que ele representa para o reino das trevas. Ás vezes, quando reconhecemos um chamado de Deus em nossas vidas, achamos que não haverá obstáculos já que estamos no caminho indicado por Deus. Não quero desencorajar você, mas acontece justamente o contrário. Qualquer coisa significante que promove a mensagem de Cristo enfrentará a resistência de Satanás. Qualquer território ganho para Jesus é território perdido para o diabo e ele não vai desistir sem lutar.

> Não é o que é dito no começo de um assunto; e sim o que é declarado no fim.

Mas aqui vai uma notícia encorajadora: *"Aquele que está em vocês é maior do que aquele que está no mundo." (1 João 4:4)* Não há batalha que nós, como reis, enfrentaremos que já não esteja vencida. É simplesmente uma questão de permanecer firme na vitória que Cristo já obteve por nós até experimentarmos a manifestação dessa vitória de forma tangível. Eu sei que isso é mais fácil dito do que executado, mas nós, reis, vivemos para isso. Devemos considerar as aflições em nossas vidas como um sinal de que a vitória se aproxima!

49

Como reis rumo a cumprir suas tarefas divinas, encontraremos muitas provas. Seja uma prova de discrição, servidão, perdão ou até mesmo de ser a pessoa que vai pedir perdão, a forma com qual reagirmos determinará não apenas nosso nível de sucesso, mas também nosso nível de influência para Cristo neste mundo. Devemos enfrentar esses testes e ser aprovados ao executar os princípios da Palavra de Deus.

A ESTRATÉGIA DO REI

1. Às vezes começamos a duvidar quando estamos passando por uma prova, pois Deus fica em silêncio. Assim como na escola, em dia de prova, a professora fica calada. Seja encorajado a permanecer no curso certo, e não perca o foco. O Senhor nos busca para salvar-nos e então pelo resto de nossas vidas O buscamos para obter vitória.

2. A maioria das pessoas desiste às 23:59h para depois descobrir que Deus apareceu à meia-noite. Você pode ter certeza de que Deus não é esquizofrênico. Ele nunca muda; Ele não te diz para fazer algo num minuto e depois muda de ideia, e no minuto seguinte diz: "Ah, esqueci! Na verdade, Eu quis dizer..."

3. Passar por aflições em sua vida produzirá certos frutos que nenhum outro tipo de experiência pode produzir. Sua reação a uma situação muitas vezes ditará a reação de Deus a você.

Meditação do Rei

"Amados não se surpreendam com o fogo que surge entre vocês para os provar, como se algo estranho lhes tivesse acontecendo."

– I Pedro 4:12

"E a perseverança deve ter ação completa, a fim de que vocês sejam maduros e íntegros, sem lhes faltar coisa alguma."

– Tiago 1:4

Não só isso, mas também nos gloriamos nas tribulações, porque sabemos que a tribulação produz perseverança; a perseverança, um caráter aprovado; e o caráter aprovado, esperança. E a esperança não nos decepciona, porque Deus derramou seu amor em nossos corações, por meio do Espírito Santo que ele nos concedeu.

– Romanos 5:3-5

CINCO

A Arma da Paciência

Se José vivesse hoje, ele seria capa de todas as revistas, jornais e tabloides de negócios, e o titulo de sua manchete seria algo parecido com: "José, O Grande Sucesso da Noite para o Dia: De Alcatraz para a Casa Branca." Deve ter sido chocante para os egípcios ver um homem receber mais poder do que qualquer outro, além de Faraó, em questão de um dia. Seria como se o nosso presidente de repente contratasse uma pessoa qualquer para administrar as exportações, importações, e finanças de nosso país sem consultar seus conselheiros. Tenho certeza de que houve muitos rumores e fofocas entre a população egípcia no dia seguinte!

O público provavelmente diria que José seria mais um daqueles que têm uns minutos de fama, pois antes do enorme sucesso era totalmente desconhecido. Mas quando estudamos a vida de José, vemos que ele demorou 17 anos para alcançar seu sucesso repentino. Aqueles anos foram imperativos, pois foi o tempo necessário para que José tivesse seu caráter moldado ao nível exigido para ter uma posição ao lado de Faraó. Liderar várias situações para o bem da maior nação da época requeria um homem excepcional que pudesse lidar com aquele nível de sucesso e pressão.

A maturidade de liderança que ele adquiriu na casa de Potifar o ajudou a entender como liderar uma grande equipe, administrar uma grande fortuna, e manter um alto nível de excelência e integridade. Enquanto estava na prisão, ele ganhou o favor do guarda do rei e recebeu a posição de o segundo no comando, embora fosse um ambiente muito menos confortável. Ainda assim, enquanto estava na prisão José foi humilde até o final, pois não tentou fugir nem tentou forçar o tempo de seu destino. Ele transpirou paciência durante aqueles anos, confiando completamente que Deus não o havia esquecido.

> **Paciência vai eliminar o plano de ataque do inimigo porque ele sempre exagera em sua jogada.**

Essa paciência que José demonstra durante sua vida é uma qualidade rara e incrível que é difícil de ser encontrada na sociedade de hoje; no entanto, é outra chave essencial do Manto de José. Com nossa rápida internet, Blackberries, e serviços de mensagens instantâneas, queremos tudo para hoje. Queremos receber promoções hoje, aumento hoje, lucros de R$1 milhão hoje, mas nunca deixamos a paciência ser trabalhada em nós e não possuímos o caráter necessário para sustentar o sucesso.

Não há nada que Satanás anseia mais do que ver a derrota de um rei. Se tratando de um "rei em formação" então, ele tem prazer em ver um período e até mesmo um destino inteiro abortado. Melhor ainda, se um rei de influência significante cai, há muito mais destruição e efeitos colaterais que afetam negativamente pessoas inocentes. Os caçadores sabem que é muito emocionante atirar num animal grande e forte do que num filhote, e o inimigo também. Ele vai até deixar você em paz para atingir um pouco de sucesso se souber que você não tem caráter para sustentá-lo. Ele eventualmente será capaz de tentar você a cometer algum tipo de pecado destrutivo.

Os reis <u>devem</u> aprender a ser como José e usar a paciência como uma arma poderosa, permitindo que ela revele os planos do inimigo e aguce e fortaleça sua disciplina e domínio próprio.

Um dos meus negócios é o AppOne, uma empresa nacional que oferece principalmente tecnologia financeira para credores a fim de que possam garantir empréstimos para compra de automóveis. AppOne estava se tornando tão bem-sucedido que chamou a atenção de uma empresa de alta tecnologia especializada em todo tipo de empréstimo financeiro. Eles nos abordaram com o desejo de adquirir nossa empresa, e nos cortejaram durante meses enquanto negociávamos os termos do acordo. Esta é uma empresa de capital aberto, com uma quota de mercado de 80% e tem um grande respeito. As vantagens pareciam substanciais e estávamos empolgados para assinar o acordo.

Com o passar do tempo, porém, algo parecia não estar certo. Aquela empresa queria adicionar uma cláusula no contrato que colocaria uma quantia limite nos ganhos que eles teriam que nos pagar. Logo, não importa quão enormes fossem os lucros da AppOne, haveria um limite no lucro que coletaríamos. Tenho que admitir, o limite era alto, então ainda que aquele não fosse meu acordo ideal, era lucrável e digno de consideração.

Um querido amigo meu, Alan, que tem o compromisso de orar e interceder por minha família, meus negócios, e por mim, me ligou um pouco antes da reunião para as últimas negociações. Esse amigo não vive perto de mim e não sabia do acordo que estávamos fechando com aquela grande empresa. Deus lhe havia dado uma palavra profética para mim. Disse a ele que aquela não era a empresa que iria nos comprar. Aquela empresa só seria usada para levar a AppOne aos holofotes do mercado para ser reconhecida nacionalmente.

Além disso, toda vez que eu conversava com minha esposa sobre aquele negócio, ela dizia (com seu jeito meigo) "Querido, acho que ainda não é isso. Toda vez que oro sobre isso o Senhor sussurra um 'não' ao meu coração." Eu provavelmente poderia ter economizado muito tempo e energia se tivesse escutado minha esposa, mas... bem, nós homens ás vezes temos que descobrir as coisas sozinhos. Então, pouco depois que falei com Alan, o Senhor me disse que eu poderia pegar aquele Ismael ou esperar pacientemente por meu Isaque - a promessa Dele.

Para aqueles que não estão familiarizados com a história de Abraão, ele é um grande pai da fé do Antigo Testamento. Deus lhe prometeu que seria pai de muitas nações, mas ele e sua esposa não podiam ter filhos. Em Gênesis 16, Sara se cansa de esperar pela promessa e convence Abraão a dormir com sua serva Hagar (ela provavelmente não teve que convencê-lo muito) a fim de conceber um filho. Infelizmente, ele concordou, Hagar teve um filho chamado Ismael. Para encurtar a história, as Escrituras nos dizem que aquela criança era desobediente e rebelde e de sua linhagem veio todo o mundo muçulmano. Uma grande decisão causada por falta de paciência, e séculos depois ainda somos afetados por ela de forma negativa!

Eventualmente, Sara deu luz a um filho chamado Isaque, que era o filho da promessa, e de sua linhagem veio Jesus Cristo. Deus estava simplesmente querendo me dizer que se eu agisse com minha impaciência, eu viria a me arrepender da decisão de fazer negócio com aquela empresa. E, se eu fosse paciente, Ele iria trazer um negócio que não me comprometeria.

Escolhemos operar com a arma da paciência e não fizemos a sociedade que teria mudado a cultura da nossa empresa e limitado vastamente nosso sucesso financeiro com a AppOne. Fazendo uma retrospectiva, posso enxergar muitas outras desvantagens que teríamos enfrentado se tivéssemos assinado a parceria com aquela empresa. O contrato dava a eles controle demais sobre a AppOne no futuro. Sou muito grato por ter tido servos de Deus nos ajudando em oração e por termos sido maduros o suficiente para prestar atenção aos sinais de aviso.

Esse é somente um exemplo de como aplicar um pouco de disciplina e paciência nos possibilitou ver tremendo crescimento em nossas empresas. Não há nada que possa substituir a paciência, e se queremos ter sucesso a longo prazo em nossas vidas, devemos nos tornar proficientes em usar essa arma poderosa. Qualquer um pode ser como um fogo de palha e ter sucesso por um curto período, mas nós precisamos buscar o sucesso que dura a vida toda.

> Deus não pode falar com um espírito apressado e ocupado.
>
> – Wayne Austin

Em termos práticos, quando lidamos com quaisquer negócios, decisões, e transações, é bom ter estratégias a fim usar a arma da paciência:

1. Nunca olhe apenas a superfície em qualquer situação que sua empresa enfrentar. Separe tempo para fazer uma análise profunda e permitir que Deus revele qualquer sinal de perigo que ela possa apresentar. Se houver tempo, o inimigo sempre irá se expor e se revelar. Ele é como um perverso num sobretudo; não tem prazer enquanto está todo coberto, sua única satisfação é quando revela a si mesmo.

2. Existe pressão para tomar uma decisão ou fechar um negócio antes que você se sinta confortável? Nunca seja manipulado por Satanás para fazer as coisas no tempo dele. Seja firme, use a arma da paciência, e tenha a paz, que somente pode vir de Deus, para tomar sua decisão.

Como reis, somos visionários, sonhadores, e geralmente muito energéticos, pessoas focadas, e dedicadas que sabem fazer as coisas acontecerem. Somos muito eficientes e a última coisa que queremos é esperar. (A verdade dói!) No entanto, a única forma de atingirmos nosso potencial como homens e mulheres de negócios, e a única forma de podermos alcançar a influência necessária para trazer mudança real para nosso mundo é aprendendo a agir com paciência. É uma arma poderosa que nos capacitará a minimizar erros ao tomarmos as difíceis e complexas decisões que todo rei enfrenta.

A ESTRATÉGIA DO REI

1. Se sua esposa/ seu esposo pedir para que você durma com um(a) empregado(a), NÃO FAÇA ISSO!

2. Lembre-se de que "esperar" em Deus é uma arma poderosa! Nem passiva nem tímida, é uma busca "desapressada". É como dizer "Não irei me mover até que o Senhor me unja."

3. Percepção irá te levar até a porta, mas a solidez manterá você lá dentro. Seja você mesmo!

Meditação do Rei

"Vocês precisam perseverar, de modo que, quando tiverem feito a vontade de Deus, recebam o que ele prometeu."

– Hebreus 10:36

"Mas aqueles que esperam no Senhor renovam as suas forças. Voam bem alto como águias; correm e não ficam exaustos, andam e não se cansam."

– Isaías 40:31

SEIS

PREPARADO PARA O CUMPRIMENTO

Imagine o seguinte: José está na prisão durante anos. Ele chegou ao mais alto nível de autoridade lá dentro e passa os dias servindo aos outros condenados. Inclusive, ajuda o cozinheiro e o copeiro de Faraó que estavam presos, e em troca recebe do copeiro a promessa de que daria bom testemunho de José para que fosse liberto. Mas, como devia ser, o copeiro é libertado por Faraó, e se esquece da promessa, fazendo com que José permanecesse nas entranhas daquela prisão por mais alguns anos.

E depois, "do nada", ele recebe uma convocação de Faraó. José fica sabendo que o Rei estava tendo dificuldade de dormir por causa de alguns sonhos perturbadores, e ninguém pôde interpretá-los. Isso foi antes da invenção dos remédios para dormir. Então, Faraó estava desesperado para encontrar as respostas e poder ter uma boa noite de sono. O copeiro se lembrou do escravo hebreu que havia interpretado seu sonho corretamente e disse a Faraó que existia alguém que poderia explicar seus sonhos. (Ironicamente, foi necessário um sonho para que José recebesse seu destino de Deus, foi necessário um sonho para que o copeiro se lembrasse de José, e foi necessário um sonho de Faraó para que os sonhos que José havia tido quando jovem pudessem se cumprir... que poder têm os sonhos!)

José teve que ser enviado. Interpretação de sonhos era o negócio dele! Qualquer um de nós, após ouvir a convocação de Faraó, teria gritado "Eu tô aqui!" e teria saído correndo para o palácio o mais rápido possível. Teríamos ficado completamente sem fôlego após correr o percurso do calabouço à sala do trono. Mas não foi isso que José fez. Ele reconheceu que era seu momento, sua grande oportunidade, e separou tempo para preparar-se.

> ♛
>
> **O Senhor vai restaurar os anos consumidos pelo gafanhoto.**

Gênesis 41:10 nos diz que quando José foi convocado, ele separou tempo para barbear-se, trocar de roupa, e ficar apresentável para o rei. Além de demonstrar extremo domínio próprio, isso mostra o respeito que José possuía por si mesmo e por Deus. Ele nunca permitiu que os longos anos na prisão obscurecessem a visão do seu sonho de que um dia teria grande autoridade. Ele procurava a oportunidade que iria se apresentar para que seu sonho fosse cumprido. Essa oportunidade estava se apresentando naquele momento, e ele não iria perdê-la. E, como esperado, Deus lhe deu a estratégia certa e ele venceu.

Essa visão antecipada de disciplina é a última chave essencial do Manto de José que quero discutir nesse livro. Deus deu o sonho de ter autoridade a cada um de nós. Para alguns, é um sonho de ter um negócio de milhões de dólares e impactar o mundo para Cristo. Para outros, é ser como José e ser o segundo no comando de algum negócio que irá florescer e ser exemplo da excelência de Deus aqui na terra, ou ser um chefe de família que cria reis chamados para impactar o mundo. Seja qual for o sonho, o nível de liderança, ou o dom recebido do Senhor, todos eles são igualmente necessários e muito valiosos para Deus. Ele necessita que nós cumpramos os sonhos que Ele pôs em cada um de nós para que Seu plano para o mundo seja realizado. Como José, devemos ser capazes de reconhecer as oportunidades que Deus oferece, e estarmos prontos para agarrá-las quando vierem. Não posso contar quantas vezes, quando era um jovem empresário, perdi oportunidades e impedi a chegada de uma boa temporada de negócios. Por causa de imaturidade, falhas de caráter, e ás vezes simplesmente por causa da pressa, arruinei chances dadas por Deus e atrasei Seu chamado em minha vida. Por causa do favor e do dom de Deus em minha vida, e ás vezes por minhas próprias habilidades, me encontrava em locais onde um grande empreendimento estava prestes a acontecer, mas inevitavelmente eu fazia algo para arruinar a oportunidade.

Em meus primeiros anos de negócios, tive algumas chances de ter contato com homens influentes a nível nacional. Esses relacionamentos poderiam ter sido chave para várias coisas: mentoreamento, acordos empresariais, ou recomendações, mas parecia que eu nunca conseguia tirar proveito dessas situações dadas por Deus. Em alguns casos, eu não era capaz de prever e reconhecer o panorama futuro e chegava completamente despreparado mentalmente e espiritualmente para oferecer qualquer tipo de conversa dinâmica. Em outros casos, eu conseguia prever, mas o medo e a vergonha acerca das minhas falhas anteriores me prendiam, eu perdia a confiança, e como resultado, eu me frustrava e saía na noite anterior e me embebedava. Na hora da reunião, eu não operava com meu potencial divino e os deixava com uma impressão de nenhum impacto.

Felizmente, durante a última década, tenho me tornado um homem que, através de muita graça, aprende com seus erros analisando honestamente como teria agido no passado. Nós reis detestamos estar errados; isso não faz bem aos nossos egos, mas é importante que sejamos brutalmente honestos consigo mesmos se quisermos avançar. Uma das únicas formas através das quais podemos ter certeza de que não vamos perder as oportunidades que Deus colocou em nossos caminhos é descobrindo como erramos no passado. Agarrar as oportunidades de forma correta é essencial para nosso sucesso como reis.

Alguns anos atrás, conversei com um amigo de mais de 20 anos que era dono de uma empresa de tratamento de saúde que estava prestes a falir. Fazia alguns anos que eu não via aquele homem, mas ele havia se mudado recentemente para meu estado para expandir seu negócio. Ele estava pedindo ajuda e mesmo sem ter qualquer experiência anterior na indústria da saúde, eu sentia muita paz no coração. Em meu tempo com Deus, recebi confirmação de que aquela era uma das grandes oportunidades que Deus havia planejado para mim.

Eu contatei um amigo próximo, que é muito bem-sucedido no ramo de tratamento de saúde, para ver se ele teria algum interesse em colaborar para essa aventura comigo. Ele e eu havíamos conversado no passado sobre montar um projeto empresarial juntos, e pensei que aquela poderia ser uma oportunidade perfeita; ele concordou.

Após algumas investigações, descobrimos que aquela empresa possuía um modelo fabuloso de negócios e muito potencial para crescimento financeiro, mas a execução daquele modelo estava severamente prejudicada pelas ações do sócio daquele meu amigo. Na verdade, depois de esperar alguns meses, foi descoberto que ele estava recebendo altas quantias de dinheiro enquanto o restante das pessoas estava cortando despesas para salvar a empresa. (Exemplo perfeito da arma da paciência.) Assim que aquele sócio deixou a empresa por causa de suas ações, sentimos paz em nossos corações para investir tempo e recursos naquele negócio.

Nos associamos ao dono da empresa de tratamento de saúde e caminhamos com ele por quatro anos durante os quais reequipamos seus planos, providenciamos finanças, incutimos prestação de contas rigorosa, e construímos solidez em seu modelo. Juntos, fomos capazes de assisti-lo completamente, tornando aquela empresa um negócio que hoje excede receitas anuais de $125 milhões. Ele conseguiu comprar sua empresa de volta de nós, e se mantiver a estrutura em ordem, poderá ver os lucros futuros se elevarem.

Isso foi uma oportunidade de Deus em muitas formas: aquele homem não perdeu sua empresa, e na verdade, agora é dono de uma empresa que é mais forte do que nunca. Pudemos transformar um investimento de $7 milhões em um lucro de $19 milhões dos lucros e vendas da empresa em apenas 4 anos. Isso significa um retorno anualizado de 72% sobre o investimento. Mas, ainda mais importante, aquele homem e eu éramos grandes amigos antes do empreendimento, grandes amigos durante o empreendimento e nos tornamos mais ainda amigos depois da dissolução de nossa parceria. Ele tem um potencial tremendo para ser usado por Deus como um rei; esse é o sinal verdadeiro de uma oportunidade dada por Deus.

Deus tem planos emocionantes para cada um de Seus reis. Ele simplesmente precisa que abramos nossos olhos para reconhecê-los e depois tomemos posse de Sua coragem e sabedoria para executá-los!

Nos próximos capítulos, falaremos sobre alguns passos práticos e poderosos para cumprir o chamado sobre nossas vidas e sermos transformadores significativos do mundo. Irei compartilhar algumas épocas da minha vida particular, como através da falha Deus me ensinou a ser mais forte do que nunca antes, e alguns testemunhos sobre como quando colocamos Deus e Sua Palavra em primeiro lugar em nossas vidas, nos encontramos numa área de bênçãos além de nossa imaginação.

A Estratégia do Rei

1. Crescimento real de caráter nunca vem enquanto estamos descansando e relaxando no topo de uma montanha. Todo crescimento acontece a partir de como reagimos enquanto estamos caminhando pelo vale.

2. Lembre-se dos lugares difíceis dos quais você veio e previna-se para que nunca retorne a eles.

3. Seu foco firme pode criar cegueira, e como resultado, você nem sempre poderá ver tudo. Precisamos de pessoas boas ao nosso lado para ver aquilo que não conseguimos enxergar.

Meditação do Rei

"O Senhor firma os passos de um homem, quando a conduta deste o agrada; ainda que tropece, não cairá, pois o Senhor o toma pela mão."

— *Salmos 37:23-24*

"Quem sai à guerra precisa de orientação, e com muitos conselheiros se obtém a vitória."

— *Provérbios 24:6*

A Disciplina do Rei

Qualquer pessoa quer experimentar uma vida emocionante de prosperidade em todas as áreas, mas a maioria não quer pagar o preço necessário. Jesus disse em Mateus 7:13-14 o seguinte:

"*Entrai pela porta estreita; porque larga é a porta, e espaçoso o caminho que conduz à perdição, e muitos são os que entram por ela; e porque estreita é a porta, e apertado o caminho que conduz à vida, e poucos são os que a encontram.*"

Essa é uma declaração poderosa!

Você está disposto a pagar o preço para ver seus sonhos divinos se realizarem? Você permitirá que o Espírito Santo prepare você, coloque pressão sobre você, e estique você? Está disposto a morrer para si mesmo e tomar posse da vida maior encontrada em Cristo? Todos nós somos capazes, mas isso requer disciplina.

SETE

INTIMIDADE COM DEUS

O Dr. Martin Luther King Jr. recebeu a seguinte pergunta: "Com todas as suas viagens, suas reuniões, seus discursos, e com tudo que o senhor está fazendo para avançar o Movimento pelos Direitos Civis, como o senhor encontra tempo para passar com Deus?"

Ele respondeu profundamente: "Por todas essas razões, eu tenho que passar tempo com Deus."

Dr. King, um homem que ajudou a construir a história dos Estados Unidos e ainda, mesmo após sua morte, continua a afetar seu país, sabia quem era e de Quem recebia força. Ele entendia que nada do que estava fazendo poderia ser completado com suas próprias forças, e que nada era mais importante do que o tempo pessoal diário com seu Pai do Céu.

Como reis no Corpo de Cristo, devemos ter essa mesma fervência para nutrir nossa intimidade com Deus. Ele é Aquele que nos chamou para sermos reis, é Aquele que nos dá força para conquistar nossos reinos, Aquele que possui a sabedoria para que possamos estrategicamente permanecer reis. Muitas vezes nos pegamos ocupados com os negócios deste mundo e pensando: "Tenho muita coisa para fazer agora. Não tenho tempo para passar com Deus. Voltarei a ler a Bíblia assim que terminar esse último projeto." (Dica: sempre haverá um "último projeto" na linha de frente.) Então lançamos uma oração breve ao céu e nos convencemos de que algo além daquilo seria simplesmente uma falta de fé.

Assim como o Dr. King, não podemos bancar <u>não</u> passar tempo com a Fonte de Todos os Nossos Recursos. Se você acha que o tempo longe do trabalho passado com Deus vai lhe custar caro, posso lhe dizer que <u>esse</u> preço não é nada comparado ao que você terá que pagar se você prosseguir lidando com seu destino sozinho. Sem a força e a sabedoria que só podemos adquirir do Senhor, VOCÊ terá que realizar um sonho do tamanho de Deus com uma habilidade do tamanho do homem. E isso é um mau negócio. (Salmos 127:1,2) Além disso, seu corpo natural não será capaz de aguentar o estresse natural do chamado Dele em sua vida, e acabará pagando o preço com sua saúde e sua família.

Alguns anos atrás, eu estava num momento de oração e estudo bíblico quando recebi uma revelação particular que estava buscando muito de Deus. O Espírito Santo falou ao meu coração e me mostrou uma visão de como meu espírito estava. Sabe aqueles comerciais em que mostram crianças famintas na África? Cada uma daquelas preciosas crianças é absolutamente esquelética e tem a barriga inchada. O Espírito Santo me disse: "Essa é a aparência do seu Espírito!" Ele me perguntou: "Como você espera receber revelação e viver uma vida poderosa com apenas uma ou duas refeições (cultos) por semana? Você é espiritualmente desnutrido e até que decida mudar essa condição, não posso usar você da maneira que você gostaria que Eu usasse. Isso acabaria prejudicando você."

Aquilo foi muito duro para mim. Certamente eu não me <u>sentia</u> como uma criança faminta e desnutrida, mas não podia negar a realidade daquela experiência, e imediatamente segui um plano para alimentar meu espírito. Eu precisava encontrar alguém quem eu pudesse usar como modelo e quem eu pudesse imitar, alguém cuja vida claramente demonstrasse os frutos de um relacionamento íntimo com Deus. Eu não precisei procurar muito.

O Treinador Bill McCartney é um grande homem de Deus que treinava o time de futebol americano Colorado Buffalos para um Campeonato Nacional, fundou o *Guardadores da Promessa* e agora é o fundador e diretor da *Estrada para Jerusalém*. Ele tem sido um querido amigo, e tem abençoado minha vida como um forte mentor. Ele é um homem que teme a Deus, tem paixão por pregar o Evangelho, e acima de tudo, é um guerreiro de oração disciplinado. Ele acorda quase todas as manhãs às 4 da manhã e tem um caderno com mais de mil nomes de pessoas que Deus colocou em seu coração, e ele ora especificamente por cada uma!

Durante os meses seguintes, comecei a usar o Treinador Mac como modelo (não necessariamente a parte de levantar às 4 horas da manhã!) e criei um hábito diário de buscar a face de Deus que agora está encravada na cultura da minha vida. Comecei a ver crescimento e bênçãos em cada área da minha vida, e passei a conhecer a Deus não só como Pai, Salvador, e Provedor, mas principalmente como o Amor da minha Alma. Por causa disso, eu sei que esse hábito irá durar a vida toda.

Intimidade com Deus deve ser a disciplina número 1 de todo rei. Em Sua presença é onde podemos encontrar nossa visão, nossa direção, e nossa fé em Sua Palavra e Suas promessas. É aqui que iremos encontrar coragem de correr os riscos necessários para cumprir nossos mais profundos sonhos. É aqui que acharemos nossa autoestima, nosso valor, nosso significado. É aqui onde começamos a sondar o amor incondicional que Deus tem por nós.

> Todos os caminhos sem saída na vida apontam para a falta de intimidade com Deus.

Já mencionei esse versículo anteriormente, mas devo fazer isso de novo, pois ele é crucial agora. Jeremias 9:23 diz:

"Assim diz o Senhor: 'Não se glorie o sábio em sua sabedoria nem o forte em sua força nem o rico em sua riqueza, mas quem se gloriar, glorie-se nisto: em compreender-Me e **conhecer-Me***, pois Eu sou o Senhor, e ajo com lealdade, com justiça e com retidão sobre a terra, pois é dessas coisas que Me agrado', declara o Senhor."*

Eu vivia uma vida em que me gloriava do meu intelecto, minha influência, minhas posses, e não dava importância a conhecer a Deus. Aquela vida era cheia de pecados, falhas, vergonha, relacionamentos quebrados e épocas perdidas. Posso testemunhar que você não gostaria de viver aquilo. Desde que descobri uma vida em que apenas me glorio de minha intimidade com Deus, tenho sido abençoado sem medida... esse é o único caminho a seguir.

Enquanto crescia em meu relacionamento com Deus, percebi que meu nível de fé era diretamente proporcional à condição daquele espírito desnutrido! Isso foi uma grande surpresa, pois eu sabia que a Palavra diz sobre as promessas de Deus, e eu achava que minha fé estava equivalente ao nível do meu entendimento sobre aquela Palavra. Eu estava muito enganado. Durante as semanas e meses seguintes, enquanto meu espírito se tornava mais e mais forte, comecei a ter uma fé tenaz como nunca antes. Oportunidades apareciam (como a da empresa de tratamento de saúde) e sem hesitação, eu via o potencial de sucesso e a adversidade, e tinha coragem para agarrá-las cheio de fé e da paz de Deus.

Além do enorme aumento da minha fé, Deus começou a revelar Sua sabedoria sobrenatural e estratégia para administrar meus negócios em meio a obstáculos a fim de chegar ao próximo nível. Ele me mostrava como as situações eram aos olhos Dele e dizia que eu devia preparar-me para elas ainda que, à primeira vista, elas não fizessem sentido.

Meu sócio e eu estávamos programados para fazer uma apresentação para um banco multibilionário de capital aberto. Aquela era a primeira vez que nossa empresa estava se apresentando para aquele grupo, mas sabíamos que esses tipos de relacionamentos demoram muitos meses para chegar a um nível de fechamento de contrato. No entanto, em meio aos preparativos para a reunião, recebi uma ligação do Alan, o homem que eu mencionei no capítulo anterior, que intercede fielmente por mim e minha família. Ele disse que Deus lhe havia dito que eu não deveria ir à reunião sem um contrato preparado para que eles assinassem. Lembro-me que imediatamente pensei: "Há tantos passos para tomar antes de chegar a um acordo." Porém, mais tarde, em meu momento de oração com Deus, Ele claramente confirmou em meu coração que eu deveria levar um contrato comigo e não deixar a reunião até que ele fosse assinado.

Então nos encontramos com os executivos, a equipe de apoio, e o conselho legal do banco, completamos nossa longa apresentação, e tudo foi muito bem recebido por eles. Logo depois, um dos executivos permaneceu conosco enquanto continuávamos debatendo. Mais tarde naquele dia, enquanto ainda estávamos em seu escritório, ele ligou para o Presidente para transmitir a informação e ver o que ele achava sobre nossa parceria. O Presidente havia saído da reunião antes de nossa apresentação para levar sua família de férias para sua casa de praia. De repente, pude perceber pelo tom de voz do executivo que o Presidente estava tentando desacelerar o processo e possivelmente até cancelar todo o nosso acordo.

Eu tinha certeza de que aquela oportunidade era de Deus e não iria deixar o inimigo roubá-la de nós. Então, bem ali, comecei a orar bem baixinho. Tenho que confessar que não tenho o hábito de orar no Espírito Santo em meio a uma negociação, mas foi o que senti no coração de fazer. O mais estranho foi que o executivo estava bem perto de mim e não mostrou nenhuma reação de haver percebido! No entanto, em questão de alguns minutos, o tom de sua conversa no telefone começou a mudar para melhor e ele desligou o telefone. Nem preciso dizer que estávamos um pouco confusos. Então, o executivo do banco disse: "Ok. Ele disse que podemos prosseguir com o que vocês propuseram e nos deu permissão para assinar o contrato agora mesmo, se você quiser."

> O tempo de qualidade do rei com Deus afeta diretamente o nível do favor de Deus sobre os seus planos.

Primeira reunião para fechar o contrato, no MESMO DIA!! Qualquer empresário que já tenha feito negócios de milhões de dólares sabe que isso é muito raro, a menos que você tenha um Amigo que é onisciente, e lhe diz tudo antecipadamente! Esse é apenas um de muitos testemunhos sobre como a mão de Deus agiu sobrenaturalmente ao meu favor. Tudo isso porque fui guiado pelo Espírito Santo para estar no lugar certo, na hora certa, e saber a hora certa de falar ou ficar calado.

Nada pode substituir um relacionamento íntimo com Deus. Enquanto lê esse capítulo, se você constatar que precisa dar um passo à frente em sua intimidade com Deus, quero lhe encorajar a fazer disso sua prioridade número 1. Se você tomar a decisão de colocar seu negócio no altar de Deus, buscando estar mais perto Dele, essa é a última prova de confiança para o rei. Pode ter certeza de que se aceitar esse desafio, você será abençoado ao conhecê-Lo mais profundamente e também O verá agir com Seu sobrenatural em todos os seus empreendimentos. Não permita que o inimigo diga que você não conseguirá. O tempo que você passar com Deus não irá custar perda de tempo produtivo em seu negócio. Ao contrário, apenas trará tremendo crescimento. Houve uma época de alguns meses em que Deus estava me incentivando a voltar para casa após de levar as crianças ao colégio, em vez de ir direto para o trabalho. Uma hora se tornou duas, depois três, até que eu não aparecia no escritório antes do meio-dia todos os dias (e isso não quer dizer que eu estava indo dormir mais tarde. Eu continuava seguindo meu horário normal). Meus negócios floresceram durante aquele tempo, tanto que se eu aparecesse antes do meio-dia, minha equipe dizia: "Volta para casa! Você é muito mais produtivo para nós lá!"

Para falar a verdade, me senti um pouco inseguro de primeira porque meus negócios estavam crescendo muito, mesmo sem eu estar controlando tudo com minha força de liderança sobrenatural (ha, ha). Será que eles não precisavam de mim todo o tempo??? Além disso, me sentia culpado, como se não merecesse ter aquelas horas extras de oração, e devesse liderar minha equipe 80 horas por semana, como de costume.

Então Deus me mostrou que era exatamente isso que Ele queria que eu visse! Ele queria que eu percebesse que Seu favor e Seu dom em minha vida haviam me ajudado a construir uma equipe que pudesse lidar com muitos detalhes e que não precisava de mim o quanto eu achava. Ele queria que eu expandisse minha influência nos negócios e no ministério, mas isso não poderia acontecer até que eu deixasse algumas coisas que estavam me impedindo.

Como reis, temos egos saudáveis. Por um lado, isso é algo positivo porque nos dá confiança para aceitar grandes riscos. De outro lado, pode ser nossa queda se alimentarmos nosso ego toda hora ao envolver-nos com coisas que Deus nunca nos pediu, ou gerenciar detalhes de nosso trabalho que podem ser delegados. Devemos deixar algumas coisas de lado, confiar na equipe que Deus nos deu, e abrir nossas mentes e horários para manter um relacionamento puro com nosso Pai. Não me entenda mal, é preciso um foco tremendo e tempo para construir a equipe certa, mas vale muito a pena. Isso pode parecer um pouco estranho de primeira, pois agora você está permitindo que Deus faça o trabalho ao invés de você, mas isso é essencial já que vamos ser usados por Ele para causar mudanças em nosso mundo.

Deus estabeleceu nossos dias antes da fundação da terra. Ele nos deu cada desejo que temos em seu coração. Ele é Aquele que nos chamou para ser reis, e quer ver sucesso em nosso destino até mais do que nós mesmos. Se Ele pode fazer tudo isto para mim, Ele fará o mesmo por você. Escolha hoje ir mais além em seu relacionamento com Ele. Quando você buscá-Lo com todo o seu coração, alma, e mente, vai experimentar uma vida abençoada além de sua imaginação!

A ESTRATÉGIA DO REI

1. Separe um tempo todos os dias para ficar sossegado (manhã, tarde ou noite) e ouvir a voz de Deus. Para alguns, isso é feito simplesmente ao fechar a porta do escritório e estudar ou meditar em Seu amor por nós. Para outros, é ao ouvir louvores e adorar, ou ler e confessar a Palavra. Você pode começar com apenas 10 minutos diários, mas depois você irá querer mais!

2. Seja sensível diariamente à voz de Deus. Quando Ele está nos moldando, geralmente é porque há algo grande no horizonte. Seja esperto e ouça, pois não podemos jejuar e orar quando devemos agir corajosamente. Jejuar e orar vem antes da batalha e não durante. Jesus foi ao deserto ANTES de Sua tarefa seguinte.

3. Não se encha de trabalho a ponto de não sobrar nenhuma margem em sua vida para fazer a diferença na vida de alguém.

4. Você deve manter seu casamento saudável. Prejudicar seu tempo ao não atender às necessidades de seu cônjuge, causará uma grande barreira em seu tempo de oração com Deus. Se houver qualquer assunto mal resolvido, RESOLVA-O!

Meditação do Rei

"Assim diz o Senhor dos Exércitos: 'Se você andar nos meus caminhos e obedecer aos meus preceitos, você governará a minha casa e também estará encarregado das minhas cortes, e eu lhe darei um lugar entre estes que estão aqui."

— Zacarias 3:7

"Dirige os meus passos, conforme a tua palavra; não permitas que nenhum pecado me domine."

— Salmos 119:133

"Clamo ao Deus Altíssimo, a Deus, que para comigo cumpre o seu propósito."

— Salmos 57:2

"Quando fizerem a colheita da sua terra, não colham até às extremidades da sua lavoura, nem ajuntem as espigas caídas de sua colheita. Não passem duas vezes pela sua vinha, nem apanhem as uvas que tiverem caído. Deixem-nas para o necessitado e para o estrangeiro. Eu sou o Senhor, o Deus de vocês."

— Levítico 19:9-10

OITO

GUARDANDO A INOCÊNCIA

"Bucky está morto!" A mulher do outro lado da linha do celular estava histérica.

"Bucky está morto!", ela exclamou novamente.

Eu parecia não conseguir digerir as palavras dela. O que ela quer dizer com "Bucky está morto"? Faz dois dias que falei com ele.

"Acalme-se; respire e recomponha-se. Como assim ele está morto?" Eu perguntei a ela.

A mulher, que era assistente pessoal do Bucky, estava tentando se comunicar, mas ela estava muito nervosa. O que eu consegui entender do que ela havia falado foi que havia acontecido um acidente com o jato particular dele e todos que estavam no avião haviam sido mortos.

Eu estava chocado. Foi um daqueles momentos em que ficamos em choque e parece não haver nenhum pensamento em nossa mente, mas quando fazemos uma retrospectiva depois, percebemos que na verdade havia centenas de pensamentos simultâneos. Duas semanas antes, Bucky havia me convidado para ir ao Novo México para um fim de semana de festas para alimentar minha carne, então eu poderia ter estado naquele acidente.

Isso aconteceu no fim de semana do feriado do Dia do Trabalho, em 1993. Mas, a fim de explicar o impacto dessa situação, preciso voltar mais um pouco no tempo. Eu havia conhecido Bucky alguns anos antes, e nos tornamos amigos muito rápido. Nós dois possuíamos o talento de fazer (e gastar) grandes quantias de dinheiro em curtos períodos de tempo. Vivíamos nossas vidas como se não houvesse amanhã, e nossas identidades estavam completamente entrelaçadas com dinheiro, mulheres, materialismo, e ego. Tínhamos o mesmo gosto extravagante em tudo e éramos assustadoramente parecidos. Certa vez, quando minha própria mãe viu uma foto do Bucky com uma amiga, me perguntou: "Quem ela é aquela mulher que estava com você?" Éramos companheiros de festas vivendo loucamente.

Laura e eu estávamos casados por poucos anos e nosso filho ainda era bem pequeno. Apesar de amá-los, eu não possuía o caráter para ser o tipo de pai e marido que deveria ter sido. Eu estava muito envolvido nos caminhos do mundo. A correria de carrões, garotas de uma noite, e os negócios, eram muito mais eficazes em curar as feridas da vergonha que eu tinha em minha alma. Bucky e nem qualquer outra pessoa com a qual eu me relacionava no mundo estavam preocupados com a condição da minha alma, então se estivesse com eles eu não precisava me preocupar com ela.

Entretanto, após um período aguentando esse estilo de vida, minha esposa tinha muito respeito por si mesma e pelo meu filho para permanecer num casamento destrutivo como o nosso. Ela deu entrada no divórcio e as semanas seguintes foram terrivelmente emocionais já que alguns acontecimentos me fizeram chegar ao fundo do poço. Primeiro, recebi uma ligação do meu pai, que me implorou para não deixar que o divórcio acontecesse. Aquilo me pegou de surpresa, pois meu pai estava chorando e eu nunca o havia visto daquele jeito antes. Depois, eu quase perdi custódia total do meu filho, pois a audiência era de manhã cedo e eu havia passado a noite toda numa festa. Sendo um egomaníaco naquela época, eu havia insistido em me representar legalmente no tribunal. Nem preciso falar que não fui nem um pouco eficaz em meu estado bêbado. Parecia que meu coração estava sendo arrancado do meu peito quando ouvi o juiz negar minha liberdade de ter a custódia do meu filho.

Finalmente, meus olhos começaram a se abrir para a grande destruição que eu estava causando. Os frutos de minhas ações eram extremamente amargos para serem engolidos e percebi que eu desesperadamente não queria perder tudo o que eu tinha como precioso. Eu parecia o Filho Pródigo. O Evangelho de Lucas diz que em meio ao chiqueiro dos porcos ele "caiu em si", o que significa que ele se deu conta que todo o seu comportamento rebelde realmente não representava o que ele queria ser; não era o que ele realmente era.

Lembro-me do dia em que "me dei conta". Caí aos pés da Laura e me arrependi por toda a dor que havia causado a ela. Eu implorei por seu perdão e jurei fazer todo o possível para restaurar a confiança e tudo aquilo que eu havia perdido. Pela incrível graça de Deus, ela escolheu me perdoar, e atendendo ao meu pedido, estendeu as mãos e orou por mim.

Obviamente, perdão não significa confiança, e então naquele dia iniciou a longa e difícil jornada de restaurar meu casamento e, ainda mais importante, compromissar meu coração e minha vida totalmente à Cristo. Dissolvi meu relacionamento com Bucky e escolhi não participar daquele estilo de vida.

Na época daquela ligação, alguns meses haviam passado, e eu estava caminhando em minha construção de um relacionamento forte e saudável com Deus e minha

> Sua vida é como um vapor...
>
> Tiago 4:14

família. Eu estava começando a ver os maravilhosos frutos de Deus em todas as áreas da minha vida. Depois, eu acabei me cruzando com Bucky e voltamos a nos falar simplesmente por razões de negócios, mas apenas o contato com aquele homem fazia com que Laura ficasse muito nervosa (e com razão!).

Ela imediatamente preparou seu arsenal em oração e intercessão e ligou para a esposa de nosso pastor no Texas. Elas fizeram um acordo e oraram com muita fé para que aquela reaproximação não desse em nada e para que Deus removesse Bucky de minha vida de forma sobrenatural. Ela tinha razão em ficar nervosa, pois alguns dias antes da morte dele, ele havia me convidado para tirar o fim de semana de folga e viajar para Novo México com ele e uns amigos. Ele havia reservado um jato particular, feito todos os preparativos, e estava pronto para oferecer todas as cortesias. Minha carne queria muito ir, pois tudo o que ele estava oferecendo teria alimentado minha antiga natureza carnal. Mas pela graça de Deus, eu havia começado a experimentar os frutos de algo sinceramente mais gratificante do que os frutos da carne - os frutos de uma vida de caminhada com o Espírito de Deus.

Quando me sentei e tentei acalmar aquela mulher que estava extremamente abalada com a notícia do acidente do avião, senti uma dor indescritível por ter perdido todas aquelas pessoas. Apesar de aqueles serem relacionamentos mundanos, éramos muito ligados. Em minha nova vida, eu tinha esperança de que eu poderia influenciar Bucky a mudar seu estilo de vida e trazê-lo para Cristo.

Ao mesmo tempo, eu tinha um sentimento de gratidão que me inundava. A Deus por Sua incrível graça e perdão, à minha preciosa Laura por me ver com os olhos de Deus, por amar o Lee que ela acreditava que eu poderia ser, e por me ajudar tornar-me esse Lee, e ao fato de eu não estar naquele avião! Aquele dia ficará marcado em meu coração, pois sempre funcionará como um lembrete de quão importante é que todo cristão escolha viver uma vida de santidade e caminhar a cada dia com a pureza e a inocência que pode vir apenas da presença viva de Deus em nós. Como reis, temos grandes visões para impactar quantas vidas forem possíveis para Cristo. E, realmente, uma vez que tenhamos qualquer nível de influência, já atingimos esse objetivo de certa maneira; mas o desafio acaba de começar. A única forma com a qual podemos impactar o maior número de pessoas possível de modo positivo, é permanecendo no caminho por toda a vida. Se não formos capazes de manter nossa inocência e cumprir nosso destino até o fim, então nosso impacto se converterá em uma vida cheia de arrependimentos. Se escolhermos permitir que o pecado se torne um hábito em nossas vidas, então nossa influência na verdade se tornará mais destrutiva ao Corpo de Cristo do que se não tivéssemos atendido ao chamado. Quando um líder cai, ele também leva consigo todas as pessoas que o seguiam.

O inimigo quer tirar o crédito de nossa vida trazendo pecado e vergonha ao nosso mundo. Ele quer nos tentar a trocar o caminho de Deus por algo que de primeira pode parecer muito mais atraente. Ele quer transformar nossa influência na igreja local em uma grande distração para pessoas sem foco. Eu sei disso porque ele tentou fazer isso comigo, e quase conseguiu me fazer abortar meu destino. A única maneira pela qual um rei pode aprender a reconhecer suas tentações astutas é escolhendo manter sua inocência, preservando seu coração e sua vida puros.

Há uma razão por que esse capítulo está localizado onde está nesse livro, pois guardar a inocência ou a santidade está completamente relacionado a e dependente da intimidade com Deus. Inocência é o fruto de passar tempo com o Santo dos Santos, nosso Pai no Céu. Sua presença em nossas vidas, e Seu

Espírito Santo habitando em nós, é nosso medidor de inocência. É a forma com que enxergamos cada área de nossas vidas, com que reagimos às situações da vida, e a única com que podemos lidar com o sucesso mundano por longo tempo.

Eu sei que é mais fácil falar do que fazer, então quero compartilhar com você como isso pode funcionar em sua vida. Todo mundo luta de formas diferentes para guardar a inocência. Os pecados que prendem você podem ser aqueles que nem chamam minha atenção, enquanto os que representam grandes barreiras para mim podem não ser obstáculos para vocês. Por causa disso, cada um de nós deve ser honesto consigo mesmo e permitir que Deus fale aos nossos corações acerca de nossas deficiências, (pergunte a sua esposa, ela deve saber!) e sobre como podemos nos fortalecer naquela área.

> ♔
>
> Cria em mim um coração puro, ó Deus, e renova dentro de mim um espírito estável.
>
> Salmos 51:10

É vital que nos apresentemos limpos diante de Deus todos os dias. Não estou falando apenas daquilo que consideramos "grandes pecados", mas também me refiro às pequenas coisas que podemos facilmente varrer para debaixo do tapete: inveja, ganância, preguiça, pensamentos lascivos, atitudes condescendentes, manipulação para conseguir algo, e coisas parecidas. Esses são pecados que ás vezes permitimos viverem conosco, pois achamos que não têm muita importância. Pecado é pecado. Porém, com o tempo, essas coisas obscurecem nossa visão e confundem o fluxo divino em nossas vidas para que não reconheçamos as pessoas e as oportunidades que Deus põe em nosso caminho.

Tenho alguns amigos que usam o tempo no chuveiro todas as manhãs para se apresentarem limpos diante do Senhor.

Eles utilizam a simbólica lavagem de seus corpos como um meio de manter-se focados e isso funciona para eles. Uma de suas melhores conversas com Deus acontece quando estão completamente nus e com o cabelo cheio de xampu. Ei, seja lá o que for necessário! Não há mágica, ou maneira religiosa de fazer isso. É necessário apenas passar alguns minutos com olhos e ouvidos atentos para ver e ouvir o que Deus quer nos mostrar.

Outra chave para guardar a inocência é exigindo de si mesmo transparência em seus principais relacionamentos. Primeiro, seu cônjuge, depois seu pastor, mentores, e equipe executiva. Não estou dizendo que você deve compartilhar todos os seus problemas e sonhos com cada pessoa em sua vida, mas deve haver algumas pessoas chave com quem você deve ter estabelecido um hábito diário de comunicação e tempo de qualidade. Entrarei em muito mais detalhes sobre relacionamentos com cada uma dessas pessoas na seção "Os Homens do Rei", mas seria descuidado se não introduzisse esse pensamento aqui.

Como reis, se nos rodearmos de uma equipe de "homens que só concordam", se escondermos nosso estresse e lutas e nosso cônjuge, e se não pudermos achar a humildade para nos submetermos ao pastor de nossa igreja local, então teremos grandes problemas. Não importa quão perto pensamos estar de Deus, estamos enganados. Até mesmo Jesus precisava ter relacionamentos e possuía diferentes níveis de relacionamento com Seus amigos. Se o Rei dos Reis precisava de interação humana a esse nível, então certamente nós precisamos também.

Finalmente, precisamos desviar toda a glória que vem à nossas vidas devido ao sucesso, às riquezas, e influências, em direção a Deus. Apesar de gostarmos de nos gloriarmos em nossas conquistas, é essencial que redirecionemos essa glória a Deus. Nossos corpos humanos não foram designados para carregar glória, e quando tentamos lidar com o peso disso, ficamos fora de si e nos auto destruímos.

Preste atenção em Hollywood e na MTV e você verá muitas pessoas tentando carregar a glória que têm recebido dos homens. Elas começam a acreditar no que a mídia diz sobre elas, mas nada daquilo é real. Loucura atinge todas as áreas de suas vidas, casamentos, relacionamentos, e seus dramas pessoais são transformados em um circo na mídia. Não podemos permitir que sejamos pegos por essa armadilha do inimigo.

Deus precisa que Seus reis se tornem muito bem-sucedidos e ricos para que possamos causar mudança em nosso mundo, então de nenhuma forma estou querendo dizer que devemos fugir das conquistas. Inevitavelmente, porém, o mundo tentará nos coroar como reis e nos tornar "famosos", e precisamos estar preparados para lidar com a sedução da aprovação do homem. Decida agora mesmo que quando isso acontecer, você estará determinado a permanecer obediente, submisso ao Senhor, e inocente ao desviar a glória para Deus SEMPRE.

Não há nada nosso que possa levar crédito. Nosso dom de liderar pessoas e fazer dinheiro nos foi dado por Deus ainda mesmo antes de nosso nascimento. As oportunidades que encontramos que nos trouxeram para onde estamos hoje, foram ordenadas por Deus. O caráter que usamos para nos tornar grandes reis foi moldado pelo poder do Espírito Santo e da Palavra de Deus. Gostaria de ter entendido isso quando era um jovem empresário, pois teria evitado muita dor para minha família e para mim. Realmente gostaria que Bucky tivesse aceitado isso em 1993, pois teria salvado sua vida.

A ESTRATÉGIA DO REI

1. Examine cada área de sua vida e peça ao Espírito Santo para mostrar-lhe qualquer coisa que precisa ser limpa. Arrependa-se e depois peça a Ele que remova seu desejo por aquilo.

2. Todos os dias, mantenha seu coração cheio de gratidão, pois isso lhe manterá focado na Causa e não em si mesmo.

3. É necessária uma má escolha hoje para sabotar todos os seus amanhãs. Escolha sabiamente.

4. Eu conto tudo à minha esposa. Sim, tudo. Deus a criou para ser minha companheira número um. Ninguém mais tem tanto a perder se eu estragar tudo. Ela está ao meu lado. Somos uma equipe!

5. Um homem nunca pode cair quando está de joelhos!

Meditação do Rei

"O Senhor vê os caminhos do homem e examina todos os seus passos. As maldades do ímpio o prendem; ele se torna prisioneiro das cordas do seu pecado. Certamente morrerá por falta de disciplina; andará cambaleando por causa da sua insensatez."

— Provérbios 5:21-23

"De nada vale a riqueza no dia da ira divina, mas a retidão livra da morte."

— Provérbios 11:4

"O temor do Senhor prolonga a vida, mas a vida do ímpio é abreviada."

— Provérbios 10:27

"Quanto mais aumentaram os sacerdotes, mais eles pecaram contra mim; trocaram a Glória deles por algo vergonhoso."

— Oséias 4:7

"Como são felizes aqueles que têm suas transgressões perdoadas, cujos pecados são apagados."

— Romanos 4:7

NOVE

O Rei Administrador

"Eu amo essa casa", pensei enquanto caminhava pela sala de estar. Sorri quando lembrei pela primeira vez em muito tempo do trabalho incrível que deu para que a casa dos meus sonhos se tornasse realidade. Mas agora que já tínhamos tido o prazer de viver nela por dois anos, eu havia esquecido aqueles meses tediosos!

Essa casa é muito mais do que bonita. Está localizada numa área de 16.000 metros quadrados, rodeada de vários carvalhos de 150 anos de idade majestosamente decorando o terreno, e sua grama é meticulosamente cuidada como a de um campo de golfe. Todos os 900 metros quadrados debaixo do telhado da casa são rodeados de extensas varandas e lindos jardins que fazem você querer deitar numa rede com um copo de limonada na mão. É realmente algo como um cenário de filme.

Para mim, aquele era o mais luxuoso tipo de moradia em Louisiana, e não posso descrever a satisfação que sentia lá dentro por poder oferecer uma casa como aquela para minha esposa e meus cinco filhos. Então, você pode imaginar meu choque quando numa manhã encontrei minha esposa soluçando de chorar em nosso banheiro. Não fiquei chocado por causa das lágrimas, mas devido a sua resposta quando perguntei por que ela estava chorando:

"Lee, acho que devemos vender essa casa. Creio verdadeiramente que é o que Deus está me dizendo."

Eu devo ter olhado para ela como se ela estivesse falando grego, pois ela disse aquelas palavras pela <u>segunda</u> vez. Perguntei se ela estava ficando maluca, o que não foi a reação mais gentil que eu poderia ter oferecido naquele momento, mas foi a única que veio à minha mente. Eu não entendia o que teria dado nela para ter chegado a uma conclusão como aquela, mas tinha certeza de que não era o Espírito de Deus. Ele nunca iria me pedir para desistir da casa dos meus sonhos, na qual eu havia gastado tudo para construí-la!

A convicção dela acerca do assunto me incomodou um pouco, pois ela adorava aquela casa tanto como eu, e também era a casa de seus sonhos. Então eu sabia que ela não diria aquilo à toa. Disse-lhe que eu iria orar sobre aquilo. Assim como eu pensava, quando mencionei aquilo para Deus, ele não me disse nada sobre vender a casa. Porém, também não me deu nenhuma convicção de <u>não ter</u> que vender a casa. Mas nenhuma notícia é boa notícia, certo?

Não. Durante as semanas seguintes, enquanto passava meu tempo diário com Deus, Ele começou a trabalhar em meu coração até que eu, também, comecei a me sentir incomodado em estar em nossa casa. Eu só não conseguia compreender por que aquilo estava acontecendo, pois Deus não quer abençoar Seus filhos além do que possam pedir ou imaginar? Por que Ele estaria me pedindo para desistir da casa dos meus sonhos pela qual eu havia trabalhado tanto para construir? Não deve ser porque estou deixando de colaborar para o Reino. Naquela época, além de nossas ofertas e dízimos, meus sócios e eu estávamos ofertando todo mês para mais de 100 ministérios! Será que não merecia um pouco de luxo?

Então, Deus me deu uma revelação em Sua Palavra que me atingiu em cheio:

"E Deus é poderoso para fazer que lhes seja acrescentada toda a graça, para que tenham sempre suficiência em todas as coisas, e abundância para toda boa obra."
(2 Coríntios 9:8)

Eu já havia lido essa passagem mil vezes e acho que nunca tinha visto que diz que eu terei suficiência em todas as coisas e abundância para toda boa obra. Suficiência para mim, minha família, e todos os meus empreendimentos... e suficiência para toda boa obra que Deus planejou que eu fizesse.

Agora, antes de você achar que estou sugerindo que devemos fazer voto de pobreza, continue lendo e ouse a entrar nessa jornada comigo. Na verdade, se você já está sentindo um aperto no coração só de pensar em ter que desistir de alguns de seus bens preciosos (como eu senti naquele dia em que encontrei Laura chorando), imploro que você continue aqui comigo e continue lendo. Máscaras de oxigênio cairão do teto daqui a pouco.

Como reis, nos tornamos administradores dos recursos de Deus. Um administrador por definição é uma pessoa que gerencia a propriedade e as finanças de outra. Na realidade, não há nada que possuímos que não tenha sido dado a nós pelo nosso Pai. Nada que temos é realmente nosso. Ser um rei é nosso chamado, e devemos constantemente lembrar o porquê de Deus ter nos dado nossos dons de negociação e liderança. Deuteronômio 8:18 diz: *"Mas, lembrem-se do Senhor, do seu Deus, pois é Ele que lhes dá a capacidade de produzir riqueza, **confirmando a aliança que jurou aos seus antepassados, conforme hoje se vê.***"

Amamos esse versículo quando estamos começando, não é? Confessamos todos os dias, e o usamos como uma arma de guerra contra o inimigo quando enfrentamos obstáculos; é nossa esperança e promessa que em breve estaremos andando no poder e na riqueza que vêm de Deus. Ficamos empolgados para ser administradores para que possamos usar nossos recursos para estabelecer Sua aliança na terra.

Quando o sucesso chegou, fizemos justamente isso. Demos nossos dízimos, entregamos nossas ofertas, ajudamos patrocinar missões em todo o globo e nos sentimos profundamente satisfeitos. E de acordo com Suas leis espirituais, continuamos a ter mais e mais prosperidade que nos deu a habilidade de doar mais e viver uma vida cheia das melhores coisas, como a linda casa dos meus sonhos. Afinal, se estávamos doando grandes quantias para a Obra de Deus, não poderíamos também ter coisas legais?

Era exatamente o que eu pensava, até que reconheci aquelas duas pequenas palavras em 2 Coríntios 9:8: suficiência e abundância. Suficiência para mim e abundância para o Reino. Eu não conseguia escapar disso! E então algumas perguntas surgiram em meu coração: "O que é suficiência? O que é suficiente para você, Lee? E ao continuar a prosperar, como saberá quando o suficiente é suficiente?" Novamente, aquilo me atingiu em cheio.

> Deus não é obrigado a nos denfeder em batalhas que Ele não iniciou.

Quando Laura me incentivou a buscar a resposta de Deus quanto aquele assunto, minha igreja estava em meio a um projeto de construção. Já havíamos sido fiéis em doar grandes quantias para aquele projeto e outros também, mas Deus começou a falar comigo sobre o quanto mais poderíamos dar se não gastássemos tanto com a nossa casa. Depois, Ele começou a falar comigo sobre a enorme quantidade de tempo que eu gastava cuidando da extensa grama (eu havia demitido os empregados, pois ninguém conseguia fazer do jeito que eu queria que fosse feito). Por que eu estava me ocupando tanto com aquilo? Eu não podia acreditar, mas estava quase concordando com a minha esposa!

A confirmação sobre vender a casa veio quando lançamos a ideia para as crianças. Um de nossos filhos, sem nem mesmo rebater a ideia respondeu: "Oh, papai, eu acredito que Deus vai nos abençoar por fazer isso." E o outro disse: "Então vamos poder nos mudar para uma vizinhança que tenha calçadas para andarmos de bicicleta e que tenha crianças para serem nossas amiguinhas?" Fiquei emudecido, e sem precisar dizer, quando anunciamos a casa nos disseram que demoraria pelo menos um ano para vendê-la por causa do preço. Bem, menos de 30 dias depois, vendemos a casa pelo preço que queríamos e nos mudamos para uma linda casa com a metade da área da antiga. Os vizinhos da casa em frente têm 4 meninos que vão à mesma escola que nossos filhos, meus filhos têm bastante espaço, e ainda há uma ampla área de sobra. É muito <u>suficiente</u> para minha família. Deus é El Shaddai (Mais que suficiente!)

Suficiência para mim; Abundância para Deus. Como sabemos o que é suficiente e o que é abundante? E como sabemos quando passamos do limite? Antes de você colocar uma placa "À Venda" em seu jardim, quero que saiba que não estou sugerindo que você faça o que Deus pediu que EU fizesse. Esse é um desafio que é trabalhado em cada pessoa quando segue a jornada de administração financeira com o Senhor.

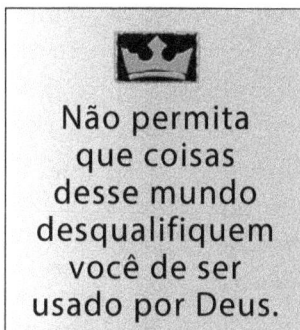

> Não permita que coisas desse mundo desqualifiquem você de ser usado por Deus.

A primeira coisa importante de se constatar é que suficiência vs. abundância é uma questão de coração e <u>não</u> de dinheiro. É simplesmente não permitir que o que você possui <u>possua</u>

você. Qualquer coisa que te distraia de cumprir o chamado de Deus deve ser largada. Se há algo em sua vida a que você seja totalmente apegado, a que sua autoestima seja entrelaçada, então você passou dos limites. Se os bens se tornaram um padrão pelo qual você se sente aceito pelos seus amigos, então o limite foi ultrapassado. Se você se flagra ofertando para o Reino para cobrir a culpa que você sente por ter comprado um símbolo de status para si mesmo, pode ser que você tenha passado dos limites.

A única forma de saber se você tem pegado a abundância designada para os propósitos do Reino para si mesmo é perguntando ao Pai. Ninguém mais pode responder a essa pergunta para você. Isso está relacionado com sua intimidade com Deus. Quando temos uma intimidade saudável com Deus, não temos problema em guardar a inocência, e saberemos imediatamente qual é nosso limite particular entre suficiência e abundância.

Uma pessoa pode estar usando um par de sapatos Nike e estar com o coração limpo, enquanto outra pode estar usando um Di Santinni sem estar com o coração limpo. Uma pode carregar uma bolsa cara para cada tipo de roupa e estar pura, enquanto outra não. Devemos entender: **não é questão de dinheiro**, mas de estar limpo diante de Deus. Vender a casa foi algo que Deus pediu a mim e a Laura; nós obedecemos e temos sido extremamente abençoados. Se Deus não está pedindo que você desista de nada, então não faça isso! Desfrute!

Como reis, Deus não espera que vivamos como a Madre Teresa. Ela foi um "rei" incrível que viveu muito humildemente enquanto havia milhões de dólares que chegavam a ela e eram distribuídos através dela. Ela foi uma incrível administradora dos recursos de Deus e vidas incontáveis foram afetadas por causa dela. Ela pegou somente o que era suficiente para si e usou o restante para os propósitos do Reino. No entanto, essa era a convicção <u>dela</u>. Não pegue o chamado dela se Deus não pediu isso a você. Suficiência é diferente para cada pessoa. Devemos examinar nossas vidas e ver se há alguma abundância em nossas vidas que está nos distraindo do chamado de Deus.

O problema com trazer abundância para si mesmo é que nosso coração fica envaidecido e começamos a adorná-lo e ostentá-lo assim com os filhos de Israel fizeram com as riquezas do Egito. O fato de se adornarem com as bênçãos materiais (que haviam sido dadas por Deus para sustentá-los no futuro) os levou a fazerem um ídolo. Os filhos de Israel saíram do Egito usando, e depois ostentando, a **A abundância vem ATÉ você para fluir ATRAVÉS de você.** "abundância" em vez de usá-la para Seu propósito. Esse tipo de comportamento sempre irá levar um ídolo de ouro em nossas vidas. Deus deu a eles a maior transferência de riqueza da história da humanidade e eles a desperdiçaram completamente.

Suficiência vs. abundância. Lembre-se, o inimigo número um da visão é a provisão. Como reis, somos os administradores do Deus Altíssimo; somos responsáveis por trazer a provisão para realizar a visão Dele para nosso planeta. O desejo do nosso coração é oferecer os recursos necessários para que a Mensagem de Cristo seja espalhada para todos. Temos que nos certificar de que não estamos permitindo que os momentos de satisfação que temos ao obter coisas materiais tome o lugar a influência eterna na vida de outros.

A ESTRATÉGIA DO REI

1. Um espírito puro é um dever. Você não pode suportar carregar com uma ofensa. Liberte-se dela! (Provérbios 18:19)

2. Um sinal de que estamos na direção certa em nosso caminho divino é quando chegamos ao fim de nós mesmos e não podemos mais "fazer acontecer" com nossas próprias forças.

3. Nunca dê ofertas para justificar a vida particular que você está vivendo. Não pense que Deus não vê. Mais cedo ou mais tarde, você fracassará!

Meditação do Rei

"Não se deixem enganar: de Deus não se zomba. Pois o que o homem semear, isso também colherá."

— Gálatas 6:7

"Os que querem ficar ricos caem em tentação, em armadilhas e em muitos desejos descontrolados e nocivos, que levam os homens a mergulharem na ruína e na destruição, pois o amor ao dinheiro é raiz de todos os males. Algumas pessoas, por cobiçarem o dinheiro, desviaram-se da fé e se atormentaram a si mesmas com muitos sofrimentos."

— 1 Timóteo 6:9-10

Os Homens do Rei

"*Quem se isola, busca interesses egoístas, e se rebela contra a sensatez.*" *(Provérbios 18:1)*

Qualquer rei que acha que pode cumprir seu destino sem relacionamentos fortes e íntimos é um tolo. Não posso ser mais claro do que isso.

Deus tem tudo a ver com pessoas e relacionamentos. Na verdade, Ele é um relacionamento! Ele é o Pai, o Filho, e o Espírito Santo, então em essência, apesar de os três serem Um, têm um relacionamento um com o outro. A principal coisa que faz de Deus Deus é relacionamento.

Novamente digo, se você acha que pode fazer isso sozinho, você seguirá uma longa caminhada solitária.

DEZ

O ESPÍRITO SANTO

"E eu pedirei ao Pai, e Ele lhes dará outro Conselheiro para estar com vocês para sempre, o Espírito da verdade. O mundo não pode recebê-Lo, porque não O vê nem O conhece. Mas vocês O conhecem, pois Ele vive com vocês e estará em vocês." (João 14:16-17)

Não foi por acidente que coloquei o Espírito Santo como o primeiro capítulo da seção Homens do Rei. Esse é o relacionamento mais importante que qualquer crente pode ter. É o cume da vida, morte, e ressurreição de Jesus, a razão pela qual Jesus nos trouxe salvação. Deus tão apaixonadamente nos amou que não foi suficiente para Ele ter um relacionamento íntimo conosco, Ele quis habitar <u>em</u> nós. Por causa de nosso estado decaído e de nossa natureza pecaminosa, essa intimidade foi impossível até que nos tornamos justificados diante de Deus como crentes nascidos de novo.

Jesus verificou a necessidade desse relacionamento quando instruiu aos primeiros cristãos no primeiro capítulo de Atos a não iniciarem a pregação do Evangelho a todas as nações até que o Espírito Santo viesse sobre eles e os enchesse

> **O Espírito Santo é o recurso mais ilimitado e inexplorado que Deus nos deu.**

com Seu poder. Isso é muito significativo: Jesus disse a eles que não fizessem <u>nada</u> até que o Espírito Santo viesse. Ele sabia de antemão que nenhum humano poderia cumprir o chamado de Deus em sua vida sem o Espírito Santo, pois Jesus mesmo não iniciou Seu ministério terreno até que o Espírito Santo veio sobre Ele em forma de uma pomba (Mateus 3:16) Se o Filho de Deus precisou desse maravilhoso poder, quanto mais nós!

Hoje, sou o fundador e o CEO de uma firma nacional de serviços de tecnologia financeira, e uma empresa de exploração de petróleo e gás com receitas anuais excedendo $100 milhões. E essas são apenas duas das empresas nas quais estou envolvido. Compartilho isso porque se você conhecesse minha história, eu seria a última pessoa em quem você esperaria encontrar sucesso. O que Deus está fazendo através de mim hoje é <u>completamente</u> um testemunho de como o Espírito Santo pode trabalhar através da vida de alguém.

Você se lembra do filme *"Curtindo a Vida Adoidado"*? No Ensino Médio, fiz com que Ferris Bueller (o protagonista) se tornasse um santo. Eu tinha meu próprio armário na sala de um professor com banheiro particular. Eu matava aula e levava de volta presentes (subornos, de verdade) para eles a fim de não ir parar na detenção. Além de suborná-los para conseguir ser aprovado, eu até tinha um chaveiro com as chaves da escola inteira!

Eu terminei o Ensino Médio no <u>sufoco</u>, e além de um curto período na faculdade, nunca recebi nenhum outro tipo de educação formal. Como é possível que eu possa gerenciar todos esses tipos de negócios hoje em dia? A resposta é simples: o Espírito Santo habitando em mim!

Esse é um assunto apaixonante para mim, pois eu passei anos como Cristão sem saber como mergulhar nessa Fonte de Verdade e Poder em minha vida. Eu era como um carro de corrida de alta performance correndo com dois cilindros. Muito potencial, mas nenhum poder. A vida era tão frustrante e eu ansiava saber como poderia ascender a novos níveis em meu destino. Eu escutava ensinamentos motivacionais seculares e geralmente lia livros escritos para os empresários cristãos. Eles eram cheios de verdades bíblicas e estratégias, mas nunca reconheciam o Espírito Santo nem explicavam quão necessário Ele

> O Espírito Santo vai expor falhas até nos planos mais bem elaborados.

era como uma fundação para o sucesso. Hoje estou convencido de que todo rei precisa dos dois: estratégias e o Espírito Santo.

Nós não podemos ter um futuro de sucesso sem o Espírito Santo. Se você quer que os seus sonhos sejam realizados e encontrar abundância como nunca pensou ser possível, isso só pode acontecer se você permitir que o Espírito Santo trabalhe em Sua vida. Aqui estão alguns exemplos de como o Espírito Santo tem impactado minha vida e como Ele pode influenciar a sua também.

O Espírito Santo tem me dado grande discernimento não apenas em decisões acerca de demissão e contratação, mas também quando procuro empresas nas quais investir ou com as quais fazer negócio. Ele me dá uma perspicácia sobrenatural sobre os motivos das pessoas e me

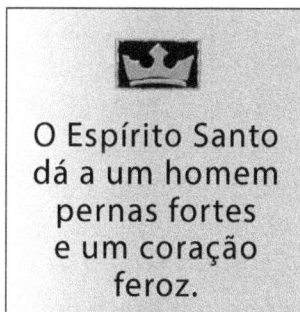

> O Espírito Santo dá a um homem pernas fortes e um coração feroz.

previne de fazer escolhas erradas de pessoas para fazerem parte da minha equipe. Muitas vezes já entrevistei uma pessoa ou até mesmo uma empresa, e tudo no natural parecia espetacular, mas em meu coração eu simplesmente não sentia paz. Mais tarde, sempre descobria algo negativo sobre aquela pessoa ou organização e passava os momentos seguintes agradecendo ao Espírito Santo por me poupar de relacionar-me com eles.

Por outro lado, há vezes em que uma pessoa ou empresa parece um risco muito grande para envolver-me ou não existe nenhuma evidência clara de crescimento financeiro em potencial. Mas o Espírito Santo fala ao meu coração, me dizendo para fazer o investimento. Com o passar do tempo, essa pessoa ou organização se torna chave para levar minha empresa a um nível completamente novo. O Espírito Santo é vital para o rei, pois Ele nos ajuda a navegar por cada decisão de negócios que permitimos que Ele acesse.

Outro benefício essencial de render nossas vidas e nossos negócios ao Espírito Santo é que Ele nos mostra como nos preparar para o futuro. João 16:13 diz: *"Mas quando o Espírito da verdade vier, Ele os guiará a toda a verdade. Não falará de si mesmo; falará apenas o que ouvir, e lhes anunciará o que está por vir."*

Houve vezes em que eu estava me arrumando para ir a uma reunião e o Espírito Santo começou a falar ao meu coração e me revelar as armadilhas escondidas colocadas pelo inimigo que eu estava prestes a encontrar. Ele não as remove, mas me posiciona para ser capaz de evitá-las. Além disso, eu posso estar bem no meio de uma reunião crucial, confrontado com uma situação difícil, e por causa do Espírito Santo, recebo as palavras certas para serem ditas e a sabedoria para solucionar o problema.

Esses são apenas alguns exemplos-chave, mas não há erro; se eu não tivesse o poder do Espírito Santo habitando em mim, me dando revelação, e operando como meu medidor da Verdade, eu estaria perdido. O Espírito Santo é quem permite que nossos sonhos sejam realizados, Ele é quem nos conecta à sabedoria de Deus, capacita o descapacitado, educa o que não tem educação, traz conforto para a dor da falência, e nos encoraja a tomar nosso lugar na realeza como reis de Deus.

A Estratégia do Rei

1. Você nunca poderá vencer o pecado contínuo ou o comportamento imoral sem o Espírito Santo. Pensar que pode conseguir sozinho é uma mentira do inimigo. Eu oro consistentemente e peço para que o Espírito de Deus remova qualquer coisa da minha vida que não O esteja agradando.

2. ANTES de decisões ou reuniões importantes, rogue ao Espírito Santo por discernimento, favor, e criatividade para ser excelente. O Espírito Santo almeja pelo seu convite para ser um benfeitor na sua vida.

3. Jesus disse que nós faríamos coisas ainda maiores do que as que Ele fez quando o Espírito Santo descesse sobre nós. RECEBA-O, CREIA NELE, CAMINHE COM ELE!

Meditação do Rei

"Porei o meu Espírito em vocês e os levarei a agirem segundo os meus decretos e a obedecerem fielmente às minhas leis."

– Ezequiel 36:27

"O Espírito dá vida; a carne não produz nada que se aproveite. As palavras que eu lhes disse são espírito e vida."

– João 6:63

"Quem vive segundo a carne tem a mente voltada para o que a carne deseja; mas quem, de acordo com o Espírito, tem a mente voltada para o que o Espírito deseja. A mentalidade da carne é morte, mas a mentalidade do Espírito é vida e paz. Da mesma forma o Espírito nos ajuda em nossa fraqueza, pois não sabemos como orar, mas o próprio Espírito intercede por nós com gemidos inexprimíveis. E aquele que sonda os corações conhece a intenção do Espírito, porque o Espírito intercede pelos santos de acordo com a vontade de Deus."

– Romanos 8:5-6, 26-27

Mas Deus o revelou a nós por meio do Espírito. O Espírito sonda todas as coisas, até mesmo as coisas mais profundas de Deus. Pois, quem dentre os homens conhece as coisas do homem, a não ser o espírito do homem que nele está?

Da mesma forma, ninguém conhece as coisas de Deus, a não ser o Espírito de Deus. Nós, porém, não recebemos o espírito do mundo, mas o Espírito procedente de Deus, para que entendamos as coisas que Deus nos tem dado gratuitamente. Delas também falamos, não com palavras ensinadas pela sabedoria humana, mas com palavras ensinadas pelo Espírito, interpretando verdades espirituais para os que são espirituais.

— *1 Coríntios 2:10-13*

Nota do Autor

Fui um cristão por muitos anos antes de entender o que significa ser cheio do Espírito Santo. Eu achava que nascer de novo e ser cheio do Espírito Santo era a mesma coisa. Eu estava enganado! Após ler sobre os discípulos de Jesus e a falta de poder em suas vidas antes de receber o Espírito Santo, e depois de ler sobre o tremendo poder, coragem e milagres que fizeram depois de O receberem, a realidade dessa verdade se tornou inegável. Convidei o Espírito Santo para entrar em minha vida, e comecei a experimentar um poder como nunca antes. Consegui me libertar do pecado habitual, e obtive uma sabedoria que nunca achei possível ter.

Se você nunca deu acesso ao Espírito Santo às mais profundas regiões da sua alma, imploro que você faça isso hoje. Como leu nesse capítulo, um cristão não pode viver uma vida mais empolgante e impactante do que aquela dirigida pelo Espírito Santo. Assim como eu, anos atrás, você começará a ver sua vida sendo transformada em algo que nunca achou possível. Se tiver perguntas, converse com um pastor, ou ligue para um amigo que possa lhe ajudar.

ONZE

O CÔNJUGE

Todos os dias acordo e conto minhas bênçãos. Em 1º de julho de 1989, Laura e eu nos tornamos marido e mulher, e a cada ano desde aquela data eu tenho amado, honrado, e respeitado essa mulher mais do que o ano anterior. Não tenho dúvidas de que devo ser um dos filhos favoritos de Deus simplesmente pelo fato de que, de todos os homens do mundo, Ele me deu o incrível privilégio de ter Laura como esposa. Na Dedicatória desse livro, a chamo de meu "Cedro do Líbano", e com muita razão. Na Bíblia Amplificada, um cedro do Líbano é descrito como majestoso, estável, durável, e incorruptível; ela é um perfeito exemplo de cada uma dessas qualidades.

Como reis, nosso cônjuge é o mais importante, mais influente, e mais recompensador relacionamento humano que vamos encontrar, e essa parceria irá causar ou quebrar seu sucesso. Se você está lendo isso e é solteiro, não se sinta desencorajado! Deus, que tem o seu destino nas palmas de Suas mãos, está preparando um(a) maravilhoso(a) companheiro(a) para você, e estenderá Sua graça em sua vida enquanto você deixar Jesus ser seu parceiro. Porém, continue lendo, pois esse capítulo pode ser o mais importante para você. Dará a você uma visão e um modelo para seguir quando tomar uma das decisões mais importantes de sua vida e de seu legado.

> 👑
> **Se você não cuida das necessidades do seu cônjuge, outra pessoa cuidará.**

Como homem, posso falar apenas da minha perspectiva como marido, então peço para que vocês do sexo feminino levem isso em consideração. Se você é uma esposa e tem o chamado para ser um rei, então seu marido também o recebeu. Além de lhe encorajar e dar sabedoria para abençoar seu casamento, lhe dará conhecimento sobre como ajudar o rei em sua vida se tornar tudo o que Deus quer que Ele seja.

Em Gênesis, Deus não estava satisfeito com Sua criação até que estabeleceu a aliança do casamento. Apenas a partir disso Ele sentiu que Sua obra estava completa e que podia descansar. Foi o primeiro relacionamento humano criado, e todos os outros seriam relacionados àquele. Seu cônjuge é uma bênção de Deus, uma pessoa que Ele planejou especialmente para você, e seu destino como um rei está entrelaçado com o dessa pessoa. Você deve respeitá-la e honrá-la, e operar em seu casamento com total vulnerabilidade.

Eu conto tudo à minha esposa. Tudo. Alguns de vocês homens que estão lendo isso devem estar pensando: "Tenho certeza de que ele não conta a ela tudo de verdade." Sim, eu conto a ela até mesmo aquelas coisas, vocês sabem do que estou falando. Nos primeiros anos do meu casamento, havia muitas coisas que eu não contava a ela, coisas que eram vergonhosas e que eu queria manter escondidas. O fruto daqueles anos terrivelmente amargos quase nos destruíram. Acredite, honestidade completa é o único caminho certo. É a única coisa que produzirá acordo, e não há força maior nessa terra mais poderosa do que um marido e uma mulher caminhando juntos na abundância da unidade. Eclesiastes 4:9-12 diz:

"É melhor ter companhia do que estar sozinho, porque maior é a recompensa do trabalho de duas pessoas. Se um cair, o amigo pode ajudá-lo a levantar-se. Mas pobre do homem que cai e não tem quem o ajude a levantar-se! E se dois dormirem juntos, vão manter-se aquecidos. Como, porém, manter-se aquecido sozinho? Um homem sozinho pode ser vencido, mas dois conseguem defender-se. Um cordão de três dobras não se rompe com facilidade."

Muitas vezes não temos problema em andar de acordo com nossos cônjuges quando se trata de assuntos de família, amigos, e atividades sociais. Quando se trata de negócios, entretanto, nem sabemos o que significa acordo. Para o homem de negócios, a última coisa que ele quer fazer após batalhar o dia todo, é falar sobre negócios quando chega em casa, seu local de refúgio. Além disso, que contribuição minha esposa, que não tem nenhuma experiência no mundo dos negócios, pode fazer? É muito fácil para os homens honrarem suas esposas por suas habilidades domésticas e descartar qualquer boa contribuição quando se trata de negócios. Eu costumava ser assim, não mais.

Nós temos cinco filhos (quatro meninos e uma princesa), e Laura generosamente deixou de lado alguns de seus sonhos e objetivos pessoais para ficar em casa a fim de criar e direcionar nossos filhos, além de organizar um lar muito agitado. Não me entenda mal; ela ama essa fase de sua vida e a tem abraçado com todo o coração, ainda que muitas vezes esse chamado venha com muito sacrifício e nenhum reconhecimento público. É fácil que esposas como a minha achem que seu impacto no mundo é insignificante.

Laura tem um grande desejo de que sua vida faça grande diferença no Reino e, certa vez, ela estava tendo dúvidas sobre sua eficácia. O Senhor mostrou a ela que apesar de eu estar na frente na proa do navio de nossa família dando as direções, seu lugar ordenado por Deus era na popa. Ela deveria estar no controle do leme do navio. Não importa quão poderoso seja um navio, sem um leme ele não irá a lugar nenhum, apenas irá pra lá e pra cá. Laura agarrou essa palavra de Deus entusiasmadamente e nunca mais questionou a importância de seu papel e nem o considerou como menos importante diante de Deus.

Minha esposa apoia extremamente tudo o que eu faço e é genuinamente interessada nos detalhes do meu negócio. Nos primeiros anos, eu costumava descartar os comentários dela sobre os projetos em que eu trabalhava (algo estúpido da minha parte), mas Laura provou ser muito valiosa. Quando ela orava sobre os empreendimentos que eu iniciava, Deus revelava peças vitais para o quebra-cabeça relacionado àquelas aventuras. Inicialmente, eu escutava, mas logo me esquecia de suas palavras, até que em algumas ocasiões me encontrei em vínculos complicados que poderiam ter sido evitados se eu tivesse seguido o conselho dela.

Em meu momento de oração com Deus, Ele me repreendeu e me disse que eu precisava mudar. Ele disse que ainda que eu buscasse a Sua face por sabedoria nos negócios, eu só poderia operar em 50% de Sua revelação, pois Ele havia criado Laura e eu para sermos um; deveríamos confiar na habilidade de ouvir e receber revelação Dele em <u>todos</u> os assuntos, até mesmo os negócios. Nós não vemos tudo ao nosso redor. Nossas esposas são equipadas com grande discernimento. Deus as fez estrategicamente dessa forma. Não podemos <u>nunca</u> descartar

> ♛
>
> **Seu cônjuge é seu maior bem humano. Trate-o como seu cliente número 1!**

superficialmente a contribuição delas, pois pode vir direto de Deus!

Nossos cônjuges são peças-chave em receber a direção de Deus, pois quando oram por nossos negócios não sabem todos os detalhes naturais que sabemos. Ás vezes Deus pode permitir que eles/elas vejam coisas que nós nunca veríamos já que estamos muito obscurecidos devido a nossa proximidade às situações. Se seu cônjuge atualmente não ora pelo seu negócio, então lhe peça humildemente por esse apoio poderoso. Faça com que ele/ela saiba que esse apoio espiritual é vital para o sucesso de vocês.

Houve várias vezes em que Laura deu "sinal vermelho" para projetos meus. Eu digo "sinal vermelho" porque ela é cheia de graça quando vem falar comigo e apresenta suas críticas de forma gentil. Na maioria das vezes, ela está absolutamente certa.

Seus acertos têm sido tão frequentes que decidi envolvê-la em quase todas as decisões principais da empresa. De primeira, minha equipe executiva foi relutante pelas mesmas razões que eu era, mas depois que testemunharam Deus usá-la para nos ajudar a evitar algumas falhas tremendas, que poderiam ter sido letais, eles deram boas-vindas aos seus conselhos. Inclusive, ela tem estado presente em algumas reuniões importantes a fim de ficar bem informada. Além disso, ela é parte essencial do processo de admissão quando se trata de qualquer mulher com a qual vou trabalhar lado a lado. Devido ao seu dom de discernir o coração e as intenções de uma mulher, ela lida com todas as entrevistas finais com as candidatas. Eu acredito completamente na opinião dela, e ela tem ajudado a estabelecer a equipe ao meu redor.

Não consigo enfatizar suficientemente quão importantes são os cônjuges que Deus nos deu para construirmos Seu Reino. Simplesmente pelo fato de que são do sexo oposto, possuem muitos atributos que oferecem abundância nas áreas em que temos falta. Lembre-se, Deus tirou de dentro de Adão o que Ele usou para criar Eva; é necessário que dois indivíduos se unam para serem UM, e Deus deseja que essa unidade seja manifesta em cada esfera de nossas vidas. Nunca descarte o valor da contribuição de seu cônjuge, até mesmo quando se trata de assuntos dos quais você acha que ele/ela não seja inteirado. Somos tolos se não usarmos cada bem que Deus providenciou para nós, e nossos cônjuges são bens muito preciosos!!

A Estratégia do Rei

1. Sempre se lembre de que antes de ser sua esposa, sua companheira PRIMEIRO é filha de Deus. (E vice-versa) Trate-a como o tesouro precioso que ela é aos olhos do Senhor. Não é legal quando o Pai tem que intervir.

2. Amar minha esposa com minhas próprias forças, sempre será pouco. Eu agora oro para que Deus me mostre e me dê a forma de amá-la. O Arquiteto certamente conhece muito sobre seu desenho.

3. Quando tudo falhar, OUVIR SINCERAMENTE funcionará maravilhas!

4. Sua esposa é sua maior parceira administrativa, pois ela tem muito a perder se você falir.

5. Atrás de todo grande homem há uma mulher maior ainda!

6. Um padre jesuíta certa vez disse: "A melhor coisa que um pai pode fazer por seus filhos é amar a mãe deles."

Meditação do Rei

"Então o Senhor Deus declarou: "Não é bom que o homem esteja só; farei para ele alguém que o auxilie e lhe corresponda."

– Gênesis 2:18

"Por essa razão, o homem deixará pai e mãe e se unirá à sua mulher, e eles se tornarão uma só carne. O homem e sua mulher viviam nus, e não sentiam vergonha."

– Gênesis 2:24-25

"Beba das águas da sua cisterna, das águas que brotam do seu próprio poço. Por que deixar que as suas fontes transbordem pelas ruas, e os teus ribeiros pelas praças? Que elas sejam exclusivamente suas, nunca repartidas com estranhos. Seja bendita a sua fonte! Alegre-se com a esposa da sua juventude."

– Provérbios 5:15-18

"Eu odeio o divórcio", diz o Senhor, o Deus de Israel, e "o homem que se cobre de violência como se cobre de roupas", diz o Senhor dos Exércitos. Por isso tenham bom senso; não sejam infiéis."

– Malaquias 2:16

"Por que, meu filho, ser desencaminhado pela mulher imoral? Por que abraçar o seio de uma leviana? O Senhor vê os caminhos do homem e examina todos os seus passos."

— *Provérbios 5:20-21*

"Quem encontra uma esposa encontra algo excelente; recebeu uma bênção do Senhor."

— *Provérbios 18:22*

"Casas e riquezas herdam-se dos pais, mas a esposa prudente vem do Senhor."

— *Provérbios 19:14*

"Seu marido tem plena confiança nela e nunca lhe falta coisa alguma."

— *Provérbios 31:11*

DOZE

O Intercessor

Vistam toda a armadura de Deus, para poderem ficar firmes contra as ciladas do diabo, pois a nossa luta não é contra pessoas, mas contra os poderes e autoridades, contra os dominadores deste mundo de trevas, contra as forças espirituais do mal nas regiões celestiais. (Efésios 6:11-12)

Reis gastam muito de seu tempo, foco mental, e energia física nas batalhas que estão bem à sua frente. Amamos a adrenalina da luta e o suor do trabalho e, como resultado, às vezes podemos nos esquecer de que apesar de as oportunidades e desafios serem tangíveis diante de nós, a batalha real não acontece às nossas vistas. Embora andemos na carne, nossa verdadeira guerra não é com a carne, e precisamos de um arsenal espiritual que nos forneça as armas das quais necessitamos para vencer.

Efésios 6:13-17 continua a descrever a armadura espiritual que Deus fornece para os crentes: o cinto da verdade, a couraça da justiça, os calçados do Evangelho da paz, o escudo da fé, o capacete da salvação, e a espada do Espírito. A fim de ter sucesso em cada batalha, todo rei deve usar cada uma dessas armas. Porém, mesmo com todas elas, há uma área de vulnerabilidade onde o inimigo pode promover um ataque letal, e essa é a área das costas do rei.

Em inglês há uma frase muito comum: "Sou seu guarda-costas", que significa "Eu estou lutando com você, estou prestando atenção em qualquer coisa que possa atacá-lo por trás para que eu possa defendê-lo." Todo rei precisa de um companheiro que esteja guardando suas costas, e essa é a dinâmica do intercessor do rei. Esse homem ou mulher é a pessoa mais importante da equipe, depois de Deus (Pai, Filho, Espírito Santo) e do cônjuge, e ainda assim esse relacionamento é do que os reis mais têm falta.

> **A Lei do Reconhecimento: O que você honrar em um indivíduo voltará para você.**

Depois que o apóstolo Paulo descreve a armadura espiritual, o versículo seguinte (18) revela o plano de Deus para "guardar as costas": *"Orem no Espírito em todas as ocasiões, com toda oração e súplica; tendo isso em mente, estejam atentos e perseverem na oração por todos os santos."* Na verdade, ele prontamente impulsiona a igreja de Éfeso a orar fervorosamente por ele e por seu ministério, para que pudesse cumprir a vontade de Deus. Paulo compreendia o poder da oração de derrotar obstáculos no reino espiritual. Assim como ele, precisamos saber que qualquer pessoa que busca grandes coisas para Deus – no ministério ou nos negócios – necessita de intercessão séria!

Todo rei precisa de um amigo guerreiro de oração que interceda generosamente e com amor por ele, sua família, e seus negócios. Já que somos determinados a confiscar os territórios do inimigo em nome de Cristo, devemos saber que o inimigo tentará vir contra nós de todas as formas que puder: através de pessoas, distrações, enfermidades, confusões, etc. O intercessor é a chave para ajudar a desviar esses dardos inflamados assim como para proclamar palavras proféticas na vida e nos empreendimentos do rei. Eu não entendia totalmente o poder desse ofício até que fui abençoado muitos anos atrás quando Deus trouxe um homem a minha vida.

Em 1997, um pouco depois que minha família havia se mudado para Baton Rouge, minha esposa e eu estávamos indo a um estudo bíblico com feijoada na casa de um amigo. Naquela noite, conhecemos um homem que era médico (Alan) e sua esposa, e passamos um momento muito legal interagindo e comendo feijoada com eles. Sem que eu soubesse, quando Alan e sua esposa estavam voltando para casa naquela noite, ele disse: "Quando conheci Lee hoje, pude ver eu e ele sendo grandes amigos." Durante os meses seguintes, ele começou a interceder por mim, minha família, e meus negócios; ninguém havia pedido que ele fizesse aquilo, mas ele simplesmente estava agindo de acordo com seu dom recebido de Deus.

> A oração ardente de um justo move montanhas.

Com o passar do tempo, nossa amizade cresceu e Deus começou a falar com Alan profeticamente acerca da minha família e dos meus negócios. Alan é extremamente discreto, então às vezes guardava as palavras por meses até que Deus o liberasse para compartilhá-las, mas quando se cumpriam, eram sempre corretas. Eu me sentia tão abençoado por esse apoio, e em meu momento com Deus, Ele me mostrava como eu podia desencadear ainda mais esse poder de intercessão.

Primeiramente, Ele me mostrou um modelo perfeito de um relacionamento entre um rei e seu intercessor. Há muitos exemplos no Antigo Testamento de reis com seus intercessores ao lado, perguntando a palavra de Deus acerca de uma situação, estratégias de guerra, e assuntos pessoais. No entanto, acho que o relacionamento entre o Rei Davi e Natã o profeta é um modelo relevante para os tempos de hoje. A primeira menção feita a esse relacionamento é encontrada em I Samuel 7, com mais registros nos capítulos seguintes, assim como em I Reis e I Crônicas. Natã era um profeta poderoso que amava a Deus e servia como um medidor espiritual para o reino de Davi e para o povo de Israel. A chave para a influência do profeta, porém, era unicamente um resultado da decisão de Davi de dar àquele homem o acesso de falar sobre sua vida e as vidas de seus súditos.

O Rei Davi tinha conhecimento de que estava numa posição de completa autoridade sobre seu reino, mas também sabia que autoridade absoluta poderia gerar corrupção. Ele havia visto isso com seu antecessor, o Rei Saul, e não queria seu mesmo destino. Ele precisava de um instrumento para buscar a Deus a seu favor e ficar na brecha por ele em oração. Davi possuía um coração apaixonado por Deus, e foi humilde o suficiente para perceber, mesmo com todo seu poder terreno, que precisava de outro que buscasse o plano do Senhor. Em qualquer ocasião, Davi poderia ter escolhido, como Saul, a ignorar o profeta e sua influência, mas nunca fez isso, mesmo quando as palavras de Natã eram duras.

Apesar de muitos dos conselhos de Natã registrados na Bíblia serem de encorajamento e discernimento para Davi, há um exemplo em que Natã corajosamente disse palavras de verdade a Davi que expunham seu pecado. Quando Davi cometeu adultério com Batseba, e depois planejou a morte de seu marido, Natã não se privou de falar a verdade clara para seu rei. Temeu a Deus mais do que ao homem e a sua própria vida, pois aquele confronto poderia ter causado sua execução. Provavelmente, isso teria acontecido se se tratasse de qualquer outro rei, mas Davi teve reverência por Deus em vez de deixar raiva e orgulho se levantarem contra o profeta, então caiu aos pés dele e buscou perdão e restauração do Senhor.

Quando estudei esse relacionamento entre Davi e Natã, comecei a receber a revelação do maravilhoso presente que Deus havia me dado através da vida de Alan. Encontrei-me com ele e lhe dei permissão de liberar qualquer palavra que Deus tivesse revelado acerca da minha vida. Já que havíamos nos tornado amigos próximos, assegurei a ele que nada que fizesse por mim, até mesmo a intercessão, não afetaria meu compromisso com ele como amigo, e que eu queria sempre a verdade mesmo quando as palavras pudessem me chatear.

Com o passar dos anos, o sucesso que eu experimentava em minha vida era grande devido aos conselhos dele e de outros enviados por Deus. Já apresentei alguns conselhos nos capítulos anteriores, e são apenas alguns dos muitos em que Deus o usou para revelar informações vitais relacionadas à minha equipe de funcionários, aquisições importantes, parcerias, entre outros.

O intercessor é uma influência imperativa na vida de todo rei. Já que nosso foco extremo pode causar pontos cegos em nossas manobras empresariais, essa pessoa pode enxergar aquelas áreas reveladas e nos informar sobre possíveis armadilhas. Sei que esse tipo de relacionamento não é um que podemos tentar exigir de alguns amigos, mas se genuinamente pedirmos a Deus Ele irá prover. Ele providenciará um homem ou mulher de Deus maduro(a) que seja capaz de agir com extrema discrição e que não queira nada em troca, mas ver você realizar tudo o que Deus tem para você.

A ESTRATÉGIA DO REI

1. Um verdadeiro intercessor espera em Deus antes de lhe contar qualquer coisa. Tenha cuidado com a pessoa que diz ser muito espiritual.

2. Um verdadeiro intercessor não quer nada de você, além de sua obediência a Deus.

3. Um verdadeiro intercessor sempre desejará que você leve a Deus em oração o que foi dito a você em busca de confirmação.

4. Se minha esposa tem dúvida no coração acerca do que um intercessor disse, eu pondero isso diante do Senhor e espero seu acordo.

Meditação do Rei

"Antes de tudo, recomendo que se façam súplicas, orações, intercessões e ação de graças por todos os homens; pelos reis e por todos os que exercem autoridade, para que tenhamos uma vida tranquila e pacífica, com toda a piedade e dignidade."

– 1 Timóteo 2:1-2

"Portanto, confessem os seus pecados uns aos outros e orem uns pelos outros para serem curados. A oração de um justo é poderosa e eficaz."

– Tiago 5:16

TREZE

A Panelinha

Jesus tinha relacionamentos de níveis diferentes. Havia os cinco mil que Ele ensinava e alimentava, e os setenta discípulos que Ele enviou em pares para pregar em todo o país. Havia os doze apóstolos que comeram, beberam, e dormiram com Jesus por três anos, os três homens, Pedro, Tiago, e João, com quem Ele compartilhava os pensamentos e experiências mais íntimos, e João, que é descrito na Bíblia como "aquele que Jesus amava." Aqui, Jesus demonstra um modelo para nós de como agir em nossos relacionamentos na terra. Embora eu ache que não há nenhuma regra "religiosa" que todo rei deve seguir, tendo os números exatos de 5.000, 70, 12, 3, e 1, acredito que cada nível é necessário.

Os 5.000 representam a visão global do rei de difundir o Evangelho e levar provisão àqueles que necessitam. Os 70 representam os homens e mulheres que ele impacta pessoalmente quando modela o exemplo de um verdadeiro rei, e oferece aconselhamento e discipulado. É muito importante que cada um de nós perceba que ainda que sejamos usados para levar recursos a ministérios ao redor do mundo, não devemos negligenciar aquelas pessoas em nossa própria igreja e organizações que passam por necessidades. Não é suficiente enviar um cheque; devemos desejar colocar a mão no arado e ajudar nossos irmãos a descobrir uma vida abundante.

Jesus passou a maior parte de seu tempo com Sua "panelinha", os doze (que, é claro, incluíam os 3 e o 1). Aqueles antigos trabalhadores foram cuidadosamente selecionados somente após Jesus ter passado um tempo crítico de oração com Seu Pai. Ele sabia que aqueles 12 homens seriam responsáveis por trazer as boas-novas da salvação à toda humanidade, e Ele certamente tinha que escolher sabiamente.

Ao construir o conjunto de relacionamentos a nossa volta, seja pessoal ou profissional, devemos possuir a mesma diligência em oração em nosso processo de oração. Os homens e mulheres com os quais escolhemos nos relacionar podem influenciar nossos pensamentos, nossas emoções, nossas ações, e nossos destinos. Não podemos permitir erros. Provérbios 13:20 diz: *"Aquele que anda com os sábios será cada vez mais sábio, mas o companheiro dos tolos acabará mal."*

Como compartilhei em alguns capítulos anteriores, paguei caro em meu passado por me associar com tolos (e também agir como um tolo), e determinei que aprenderia com meus erros em minha segunda chance. Sou extremamente grato por poder ter maravilhosos homens e mulheres de Deus em minha "panelinha", que têm a mentalidade alinhada com a visão global de ganhar o mundo para Cristo. Sem essa equipe a minha volta me pressionando, me desafiando, acreditando em mim, eu não seria o marido, pai, amigo, e empresário que sou hoje.

Todo rei precisa ter discernimento aguçado quando decidir quem vai andar com ele durante sua vida. Uma das primeiras coisas que <u>não</u> permito existir em minha panelinha é um espírito mercenário. Esse tipo de pessoa dá do seu amor e serviços esperando algo em troca. Ele espera ser pago por favores, guarda ofensas, e eventualmente achará que você lhe deve algo em troca de sua "amizade". Ele tentará manipular você a achar que ele deve ser recompensado de alguma forma e lhe fará sentir culpado se não atender aos pedidos dele. Esse tipo de relacionamento não pode ter lugar na corte do rei. Ele é uma distração que nunca se satisfará não importa o que o rei ofereça.

Em vez disso, eu procuro por alguém que tenha o coração de um filho, ou um homem que me amará incondicionalmente, sem exigir que eu o trate como uma celebridade. Alguém que acredite em mim e em quem eu possa acreditar, e juntos possamos fortalecer um ao outro. Alguém que não apenas me permita ser eu mesmo, mas também honre o dom na minha vida! Esse tipo de amigo não guarda um registro de erros que eu possa ter cometido sem querer e me dá o benefício da dúvida. Ele se sente livre para conversar abertamente comigo, confiando que eu o ouvirei e responderei com sabedoria. Confia em meu amor por ele, então nunca sente necessidade de esconder assuntos de sua vida, mas abre seu coração comigo.

A panelinha do rei deve ser completamente desprovida de competição e rivalidade. Até mesmo a pequena porção disso pode agir como um câncer. Pode começar como uma célula rebelde não vista a olho nu, mas continua a se reproduzir até que se torna mortífera. Se os homens e mulheres a sua volta são inseguros e invejam sua posição, nunca haverá unidade em sua equipe e essas pessoas serão sempre uma distração. Se você sente isso em sua equipe, será preciso dissipar essas atitudes como uma poderosa quimioterapia do Espírito Santo.

Deus me abençoou com uma equipe de pessoas. Todos nós entendemos nosso lugar na carroça, e elas nunca tentam usurpar meu posto como líder de Deus. Além disso, tenho um sócio que é um empresário extremamente talentoso, que no passado já dirigiu uma das maiores empresas de colchões do país. Porém, ele abandonou suas próprias ambições para que pudesse cumprir as ambições de Deus para o Reino, e como o segundo no comando, nunca tenta competir com minha autoridade. Ele tem compreensão de seu lugar e sabe que qualquer outro tipo de atitude causaria estragos em toda nossa equipe e em sua própria vida. Ele nunca criaria distrações para os propósitos de Deus.

Outro tipo de câncer no qual eu fico de olho é o espírito de comparação. É um espírito muito perigoso e tóxico que pode sugar a vida de qualquer relacionamento. 2 Coríntios 10:12 fala sobre isso perfeitamente: *"Não temos a pretensão de nos igualar ou de nos comparar com alguns que se recomendam a si mesmos. Quando eles se medem e se comparam consigo mesmos, agem sem entendimento."* Esse tipo de pessoa irá enfraquecer sua confiança e se tornar desqualificada para qualquer nível de relacionamento.

Eu amo a história dos versículos finais do Evangelho de João que ilustra esse pensamento. Jesus ressuscitou e está fazendo a última refeição com os discípulos antes de subir ao Céu. Ele havia acabado de dizer a Pedro que tipo de morte ele teria a fim de trazer glória a Deus. A resposta imediata de Pedro foi: "E João?" Provavelmente havia um tom de comparação em sua voz, pois Jesus foi muito direto em sua réplica: "E se Eu quiser que ele fique vivo até que Eu volte? O que você tem com isso? Siga-me você!"

> ♛
>
> **Lide com sua própria trave antes de se importar com o cisco do seu irmão.**

Em outras palavras, não se preocupe com que Deus está fazendo na vida de outras pessoas como se o fato de Ele abençoar outras vidas fosse abençoar menos a sua, e não se cerque de amigos que tenham esse tipo de atitude. Mais uma vez, essas pessoas poderão confundir seus motivos e tentar vaporizar sua visão. Lembre-se, *"aquele que anda com os tolos acabará mal."*

Por fim, uma qualidade não negociável é a integridade. Não quero estar rodeado por um grupo de homens que sempre concordam comigo, não importa quão esperto eles façam eu me sentir. Quero amigos e uma equipe executiva quem entrem em meu escritório e tenham confiança para me dizer a verdade. Eu chamo isso de "ser honesto e não tentar combinar uma bolsa Chanel com um vestido da feirinha." Quero amigos que deem um chute na minha traseira quando necessário e saibam dizer palavras de encorajamento quando eu precisar. Quero homens que me incentivem a sonhar mais alto, que farão com que eu enxergue a mim mesmo através dos olhos de Deus, e permanecerão na fé comigo para serem usados pelo Senhor.

O Rei dos reis precisou de relacionamentos de todos os níveis, então imagina como nós precisamos! Seja cauteloso ao escolher aqueles que farão parte da sua "panelinha", e uma vez que tenham sido escolhidos, ame-os incondicionalmente, seja leal, e nunca tente transformá-los em algo que não são. O DNA deles fará com que correspondam a essas qualidades garantindo um relacionamento duradouro.

A Estratégia do Rei

1. Uma boa pessoa para fazer parte de seu grupo é aquela que cobre você com oração, e você terá uma habilidade inata para sentir isso.

2. "Panelinhas" saudáveis consistem de pessoas que conhecem e honram seus lugares no ônibus. Pode haver apenas um motorista.

3. Tenha cuidado com pessoas que querem o que você tem, mas não querem pagar o preço para conseguir.

Meditação do Rei

*"Como é bom e agradável quando os irmãos convivem em
união!*

– Salmos 133:1

*Sucedeu que os amalequitas vieram atacar os israelitas
em Refidim. Então Moisés disse a Josué: "Escolha
alguns dos nossos homens e lute contra os amalequitas.
Amanhã tomarei posição no alto da colina, com a vara
de Deus em minhas mãos". Josué foi então lutar contra os
amalequitas, conforme Moisés tinha ordenado. Moisés,
Arão e Hur, porém, subiram ao alto da colina. Enquanto
Moisés mantinha as mãos erguidas, os israelitas venciam;
quando, porém, as abaixava, os amalequitas venciam.
Quando as mãos de Moisés já estavam cansadas, eles
pegaram uma pedra e a colocaram debaixo dele, para que
nela se assentasse. Arão e Hur mantinham erguidas as
mãos de Moisés, um de cada lado, de modo que as mãos
permaneceram firmes até o pôr-do-sol. E Josué derrotou o
exército amalequita ao fio da espada.*

– Êxodo 17:8-13

O Rei e o Sacerdote

A aliança entre o Rei e o Sacerdote é aquela estabelecida por Deus. Na vida pessoal do rei, a importância desse relacionamento não ultrapassa aquelas mencionadas no capítulo anterior; está no mesmo nível. Mas senti que deveria abordar esse ensinamento em sua própria seção, pois no corpo da igreja local, é um dos relacionamentos mais significantes que pode existir.

A união do rei e do sacerdote é poderosa e deve estar presente na igreja de hoje para que todo sacerdote cumpra o chamado de Deus em sua vida e para que todo rei experimente a abundância de seus dons e talentos, mas principalmente para trazer o estabelecimento da aliança de Deus por toda a terra até o fim.

CATORZE

O Relacionamento de Aliança

Um dos potenciais menos explorados, informados e conhecidos da Igreja atual é o relacionamento entre o rei e o sacerdote. Isso é triste, pois ele é um dos mais necessários. Esse relacionamento foi criado por Deus e modelado no Antigo Testamento quando os antigos reis alcançavam grandes conquistas na batalha e traziam os despojos da guerra como oferta para os sacerdotes. A parceria era uma união perfeita e estabelecida por Deus já que o sacerdote projetava a visão recebida de Deus e o rei a abraçava e providenciava os recursos necessários para realizá-la. No entanto, com o passar dos séculos e das culturas, e com o domínio da Religião, a existência dessa aliança começou a ser extinta.

Essa extinção nunca foi o plano de Deus e a prova disso é vista em todo o mundo nas igrejas locais de todas as denominações. Na Casa de Deus hoje há sacerdotes, ou pastores, que têm grandes visões em seus corações para ganhar o mundo para Cristo, mas são frustrados porque não há recursos suficientes para pagar pelas missões de expansão do Reino, de ajuda aos pobres e sem-teto, de alcance aos jovens, entre outras. Também existem os reis, ou homens e mulheres de negócios, que têm grande desejo de obter a riqueza do mundo, mas se frustram, pois quando conseguem ainda se sentem vazios por dentro. Muitas vezes se sentem no lugar errado, já que não sabem realmente pelo que estão lutando. Suas vitórias parecem vazias porque dão seus dízimos e ofertas, mas no fim do dia seus corações anseiam causar um impacto de amplitude mais global.

É tempo de os sacerdotes convocarem os reis em meio de suas congregações e darem oportunidade para que atuem em suas posições estabelecidas por Deus. É tempo de reis responderem ao seu chamado, inserirem a igreja local em suas agendas, e posicionarem-se lado a lado com seus pastores a fim de apoiar suas visões. Há um elo especial e um resultado sobrenatural quando o rei e o sacerdote se unem e trabalham juntos como uma só força para mudar o mundo.

Tenho visto o modelo desse relacionamento profundo funcionar em muitas igrejas hoje em dia, e como resultado, estão completando obras tremendas para Cristo ao redor do planeta. Além disso, tenho tido o privilégio de viver esse modelo em minha própria vida com meu pastor. No restante desse capítulo, usarei minha amizade e parceria com ele como um exemplo para as possibilidades de relacionamentos mais profundos entre reis e pastores.

Sendo você um pastor ou um empresário, Deus lhe deu uma grande visão, que você não pode realizar sozinho. O sacerdote precisa de seu rei. O rei precisa de seu sacerdote. Os dois necessitam afiar um ao outro, prestar contas um ao outro, caminhar de mãos dadas para fortalecer um ao outro, e continuamente alargar e incentivar a visão de cada um. Essa relação é uma aliança como o casamento, e como a entrega de Jesus pela igreja. É um vínculo eterno criado por Deus já que os caminhos do rei e do sacerdote estão interligados para a realização dos propósitos do Reino.

Atendendo ao Chamado

Alguns anos atrás, eu estava num restaurante, e sentado numa mesa perto de mim estava o pastor presidente de uma igreja local, tomando café da manhã com outro homem. Eu senti o Espírito Santo falar ao meu coração: "Quero que você seja amigo daquele homem... não peça nada, apenas seja amigo dele." Depois, em meu momento de oração, Deus me explicou que pastores não têm muitos amigos íntimos. Não quer dizer que pastores que lideram grandes igrejas têm falta de companhia ou de pessoas que querem ser seus amigos; o fato é que muitos pastores enfrentam uma dinâmica muito diferente de fazer e manter amizades.

Primeiramente, como um homem dotado de carisma para liderar, ensinar, e servir milhares de pessoas todas as semanas, há muitos em sua congregação que desejam ser seus amigos simplesmente devido a sua posição e influência. No entanto, quando essas pessoas se aproximam dele, descobrem que ele não é o Messias reencarnado e ficam desapontadas e ás vezes até ofendidas. Pastores (como cada um de nós) são como uma inestimável pintura a óleo num museu. Os quadros de Rembrandt e de Van Gogh são lindos atrás daquelas cordas de veludo, mas quando temos a oportunidade de vê-los de perto, podemos enxergar algumas imperfeições causadas pelas batidas do pincel do artista. Infelizmente, muitas vezes somos feridos pela rejeição de pessoas que colocam expectativas irreais sobre nós, então acabamos decidindo não permitir que ninguém tenha acesso de perto aos nossos corações.

Segundo, o coração de um pastor clama para que cada uma de suas "ovelhas" se tornem tudo o que podem ser. A cada semana, ele oferece do fundo de seu coração a verdade da Palavra de Deus para que elas possam crescer e viver vidas abundantes.

Ele ora diligentemente por elas. Pensa nelas 24 horas por dia e em como ele pode ampliar seu alcance para que as pessoas sejam tocadas pela mensagem de Cristo. Quando as pessoas deixam a igreja, ele tem que lidar com a dor da perda... todas as vezes. Apesar de os pastores deixarem o Espírito Santo lhes dar força para esses desafios, também são humanos e podem ficar esgotados. É comum que eles escolham parar de confiar e manter um ministério que é compartilhado apenas com o cônjuge, alguns amigos e funcionários (e ás vezes nenhum).

Durante os três anos seguintes, eu estendi minha mão de amizade para aquele grande homem de Deus e fui completamente abençoado ao receber reciprocamente. Foi muito recompensador começar a conviver com um homem que tem a mesma idade que eu, o mesmo tempo de casamento e família, e a mesma visão global de impactar o mundo para o Reino. Porém, enquanto nossa amizade crescia, também começamos a ver o quanto éramos diferentes em nossos dons, talentos e personalidades; parecia que nas áreas em que eu era fraco, ele era forte, e vice versa. Era realmente uma relação estabelecida por Deus que exemplificava Provérbios 27:17: *"Assim como o ferro afia o ferro, o homem afia o seu companheiro."* Nenhum de nós percebeu que Deus estava nos preparando para um relacionamento de aliança além do que havíamos pedido ou imaginado.

> ♛
> **Se você não atender ao chamado de Deus... Ele vai chamar outra pessoa.**

No início de nossa amizade, minha família e eu estávamos fazendo parte de uma igreja maravilhosa desde nossa mudança para Louisiana. Apesar de ele ser pastor de outra igreja, não sentíamos nenhuma inclinação de Deus para nos mudarmos para a igreja dele. Pelo que eu sabia, aquele era simplesmente um relacionamento que Deus havia criado pelo único propósito de amizade.

Entretanto, com o progredir dos anos, e com o crescimento da relação entre nossas famílias, Laura e eu começamos a sentir Deus estampar em nossos corações o desejo de fazer parte do corpo da igreja daquele meu amigo. Ao olhar para trás, vejo como Deus perfeitamente orquestrou essa amizade antecipadamente, pois por todas as razões que descrevi no inicio do capítulo, teria levado muito mais tempo para nos tornarmos amigos íntimos se houvéssemos mudado para a igreja dele antes.

NOTA: A escolha de mudar de igreja precisa ser feita de forma muita séria. Deve ser dirigida por Deus, não deve ser causada por equívocos ou ofensas e deve sempre ser seguida de honra ao seu pastor. Infelizmente, aprendi da forma mais dura este último quesito. Eu não honrei meu pastor primeiro pedindo sua bênção, fui repreendido pelo Espírito Santo, e tive que voltar e me arrepender diante dele. Sua esposa e ele foram muito graciosos e hoje nossa relação é melhor do que nunca antes. Eu os amo e oro ocasionalmente por eles.

Como o Pastor e eu temos caminhado lado a lado por alguns anos, temos percebido que nosso relacionamento serve a um propósito que vai muito além das quatro paredes de nossa igreja. É um modelo de como um rei e um sacerdote podem operar juntos para cumprir os destinos que Deus planejou para suas vidas. Devido a influência do Pastor em minha vida, ele tem me ajudado de muitas formas a cumprir a visão que Deus me deu acerca de prover recursos para missões globais.

Como um homem de Deus focado em muitos assuntos executivos, não passo tempo suficiente na arena de missões globais para saber realmente quais são solos férteis para plantar finanças e quais não são. Por causa dos relacionamentos do Pastor no ministério, posso ir até ele e perguntar sobre as organizações nas quais estou interessado e ele pode me dar uma luz sobre elas. Não importa onde no mundo aquela missão particular opera, ele irá conhecer alguém envolvido com ela ou conhecerá alguém que conheça outra pessoa que tenha a informação da qual necessito.

É crucial que todo rei tenha esse tipo de conselheiro, pois Deus nos colocou na posição de administradores de muita riqueza e devemos nos certificar de que o lugar em que colocamos nossa riqueza está efetivamente avançando o Reino. Há muitas organizações que possuem uma longa declaração de missões, unida a um grande desejo de ajudar os pobres e os necessitados, mas isso não lhes dá qualificação automática para patrocínio. Elas também precisam estar debaixo da cobertura de uma igreja local assim como possuir uma equipe administrativa eficaz que sabe como usar prudentemente o patrocínio que recebem. Meu Pastor tem sido capaz de providenciar esse tipo de informação para que eu possa navegar corretamente através dessas escolhas.

Além disso, ele tem sido uma ponte que me leva a muitos ministérios. Ele me compreende tão bem que tem sido capaz de me conectar com organizações dignas de confiança que sabe que irão balançar o meu coração. Ele tem aberto uma rede de formas com as quais eu posso sustentar ministérios globais em países como África do Sul, Brasil, Camboja, China, Índia, Israel, Moçambique, Tibet e Peru, que servem aos pobres, ajudam a curar o ferido e trazem esperança para o futuro.

Nossa amizade é do tipo "doar e receber", e onde um de nós é fraco, a abundância do outro cobre aquela área. No que diz respeito à minha influência na vida dele, tenho podido ajudá-lo em certas decisões de negócios com as quais toda grande igreja lida. Novos projetos de construção, compra de novos terrenos, montagem uma equipe de funcionários forte e eficiente são coisas com as quais a maioria dos pastores não tem experiência, e ter um rei bem-sucedido ao seu lado para ajudar nesses assuntos não tem preço.

Num nível mais pessoal, nós dois temos sido capazes de incentivar e desafiar a visão de cada um para o ministério, negócios, casamento e família. Nenhum de nós está nisso simplesmente para sentar e compartilhar suas grandes conquistas. Somos comprometidos a verdadeiramente apoiar a visão, ações e decisões um do outro, o que ás vezes significa que irão existir repreensões gentis e censuras em particular. Nós dois compreendemos que somos líderes focados, e que esse foco pode causar áreas de ponto cego. Precisamos um do outro para oferecer opiniões honestas a fim de que possamos enxergar claramente ao tomar decisões. Na verdade, apesar de nos reunirmos mais do que fazer isso, fazemos questão de nos encontrar de quinze em quinze dias para nossa reunião que chamamos de "Classe de 82". Eu, o Pastor, e outro grande irmão que também é da área dos negócios nos reunimos para discutir todos os tipos de assuntos e desafios, compartilhar nossas agendas a fim de poder planejar nossas viagens ministeriais juntos, e simplesmente crescer mais profundamente em relacionamento. Há liberdade em nossa amizade já que somos completamente vulneráveis uns com os outros; sabemos que nenhum de nós jamais violaria a cláusula de confidencialidade proverbial de uma relação de aliança. Colocamos prioridade alta na privacidade e na discrição. Por causa disso, nosso relacionamento é baseado em confiança e verdade e nunca nos permitimos brigar pelo controle. É um relacionamento muito valorizado, pelo qual somos muito diligentes a fim de mantê-lo e protegê-lo. Essa atitude é imperativa porque entendemos que nossos destinos são entrelaçados e se queremos realizar tudo que Deus tem para cada um de nós, então devemos honrar os chamados que Ele estabeleceu para cada um de nós.

O PAPEL DO SACERDOTE

Você é o sacerdote. Você tem uma profunda paixão por ajudar os filhos de Deus a concretizarem seu potencial completo. Você tem aberto mão de coisas em sua vida pelo propósito de construir sua igreja e anseia ver o maior número de vidas possível vir a Cristo. Que honra ser o porta-voz de Deus, ter o privilégio de servi-lo de forma tão dinâmica. Por causa de seu compromisso de levar a mensagem da Salvação aos povos, há muitos que estavam no caminho rumo ao inferno, mas agora irão desfrutar a eternidade com Deus. Os reis de sua igreja amam e honram você, e sempre considerarão uma bênção poder trabalhar com você. Deus depositou grandes sonhos de proporções globais em seu coração e seu maior desejo é ver essas visões sendo realizadas. Você precisa de seus reis para ajudar você a trazer essas ideias à tona.

Deus é sua Fonte... não há outra.

E aqui vão boas notícias: os discretos e adormecidos reis de sua congregação querem muito ser convocados e convidados para embarcar na conquista de seus sonhos divinos. Reis adoram desafios e, na verdade, começam a ficar desanimados se desafios não são apresentados a eles. Assim como você precisa deles para trazer recursos para sua visão, eles precisam de você para encorajá-los e ampliar as ideias deles sobre as posições que ocupam no Corpo. Lançar uma visão do tamanho de Deus irá inflamar esses reis, fará com que fiquem famintos por batalha, e lhes dará motivação para lutar por mais em suas famílias e negócios. Se você tiver coragem de elevar o nível, os reis competirão para ultrapassá-lo. Mas se não fizer isso, e recuar com medo, seus verdadeiros reis eventualmente deixarão sua igreja à procura de outra visão mais desafiadora.

É vital que todo sacerdote entenda que ele é o único que pode iniciar um relacionamento. O rei não pode ir até o pastor depois de um culto e dizer "Deus me falou que devo ser seu único melhor amigo." Qualquer pastor bem consciente responderá a esse homem com palavras suaves, mas ele deve saber que todo relacionamento entre Rei e Sacerdote leva tempo. O sacerdote deve usar a arma da paciência para ver se essa pessoa realmente tem o coração e a motivação de um verdadeiro rei. De qualquer forma, o pastor deve tomar essa decisão e deve ser o que começa a busca por esse relacionamento.

Se você é um pastor e vê homens em sua congregação desengajados e desmotivados, então interprete isso como um sinal de que você deve desafiá-los. Garanto a você que há reis sentados lá; eles não sabem disso ainda, ou estão apenas esperando que você os chame. Faça uma reunião com os homens e lance uma visão que os desafiará a agir. Ensine-os sobre o que significa ser um rei, e veja quais deles dará um passo a frente.

Algo importante que você deve perceber quando buscar um rei para ter uma parceria é que essa decisão não deve ser tomada simplesmente analisando quem é o maior doador financeiro da igreja. Embora esses homens e mulheres devam ser reconhecidos e agradecidos particularmente por você, a doação deles não pode qualificá-los para ser uma pessoa com a qual você tem uma aliança. Esse é um processo muito mais cuidadoso.

Esse rei deve ser testado (assim como discutimos nos capítulos anteriores) e isso leva tempo. Ele deve ser confiável, humilde, e alguém que dá livremente sem nenhum tipo de manipulação. Deve ter um casamento e uma família saudáveis; a última coisa da qual você precisa é uma pessoa insegura, de baixo impacto, que procura por você para suprir suas necessidades de relacionamento... você não tem tempo para isso! Enquanto você inicia esse processo de construir relacionamentos com as pessoas certas, seja paciente para que Deus revele quem são esses verdadeiros reis.

Haverá pessoas com as quais você terá certeza de que pode fazer parceria, mas com o passar do tempo, perceberá que estava errado. Lembre-se, Jesus nos disse para julgar e reconhecer a árvore pelos seus frutos. Quando você olha para um fruto, ele não diz nada; em outras palavras, quando avaliar a vida de uma pessoa, o que vale é o que for visto, e não o que for dito. Use a paciência como uma arma e permita que Deus traga as pessoas certas à luz. Não desista, os relacionamentos estão aí diante de você! Não seja um daqueles pastores que caminham sozinhos.

Há muitas razões pelas quais os sacerdotes no Corpo de Cristo têm decidido prosseguir sozinhos. Alguns não investiram num relacionamento profundo com os reis porque tiraram vantagem deles no passado. Por todas as razões que eu mencionei antes, esses pastores acham difícil confiar nos motivos do rei e como resultado, se protegem ao permitir que apenas poucas pessoas se aproximem e realmente o conheçam. Isso é uma forma de acabar solitário. Se você está lendo isso, e percebe que está agindo assim, permita que Deus o leve a um lugar de perdão e cura. Decida que você será alguém que quer confiar nas pessoas mesmo que isso signifique que ás vezes sofrerá feridas.

Outra razão pela qual os sacerdotes têm falta desse tipo de relacionamento é porque temem a falta de controle. A fim de construir algo grande, é necessário ter um forte líder que gosta de ser o líder. Ter ajuda de outro forte líder, mesmo na área dos negócios, pode ser ameaçador e muito mais vulnerável do que ser o líder sozinho. É fácil ter "amigos" que são da sua equipe ou submetidos a você de certa forma, pois você nunca terá que revelar detalhes da sua vida. Escolher entrar num relacionamento com outra pessoa no mesmo "nível" de liderança que você, ou até maior, pode fazer você se sentir muito exposto, pois ela é experiente o bastante para ver através de qualquer fumaça. E agora você terá alguém que possa realmente desafiar seus pensamentos e ações. (Ai!)

Finalmente, e essa pode doer um pouco, muitos reis estão perdidos no Corpo de Cristo porque discordam da forma como o dízimo é gasto. Não estou falando sobre fundos investidos em áreas do ministério que não são suas favoritas, mas dos fundos investidos para satisfazer o egoísta estilo de vida pessoal do sacerdote. Verdadeiros reis têm reverência ao dinheiro que é dado a Deus para os propósitos de Seu Reino, e isso é acompanhado por uma justa indignação acerca de qualquer abuso desse dinheiro.

Muitas vezes, um sacerdote que renuncia a sua vida para construir sua igreja, chega a uma posição em que se sente no direito de ser ricamente recompensado por seu sacrifício. Estou dizendo que nenhum rei tem o direito de julgar o motivo do coração de um sacerdote, mas creio que todo sacerdote deve lutar contra a tentação de usar a conta bancária da igreja como se fosse sua própria. Não me entenda mal. Creio que um sacerdote pode e deve ter coisas boas; mas o limite disso deve ser entre ele e Deus. O dinheiro é de Deus e se essas fronteiras parecem ser obscuras, um rei se sentirá ofendido se os recursos que ele luta para trazer estiverem sendo alocados de forma errada. Todo sacerdote que escolhe permanecer inocente nessa área ganhará a confiança e a lealdade de seus reis.

Se esses conceitos estão lhe condenando agora, você simplesmente deve lidar com eles. Passe tempo com o Espírito Santo e permita que Ele crie em você um coração limpo. Você não pode deixar que seu ego, ganância, ou medo de perder o controle travem o destino que Deus tem preparado para você. Ele está lhe confiando o cuidado de muitas vidas e você deve escolher o plano Dele acima de qualquer insegurança que esteja abrigando.

Uma vez que você tenha feito a escolha de conectar com os reis em seu meio, as recompensas ultrapassarão a dor e o sacrifício que você possa ter tido que suportar para chegar onde está. Você será capacitado para ter um companheiro forte e confiável para confirmar contigo o chamado de Deus em sua vida. Você será incentivado a alcançar mais do que você jamais teria alcançado sozinho. Você será fortalecido enquanto seus reis caminham ao seu lado nos vales sendo compassivos e guerreiros de oração.

O Papel do Rei

Você é um rei. Um guerreiro sempre em busca de novos territórios para conquistar, um homem ou mulher que é intensamente focado em alcançar uma visão do tamanho de Deus. Você é um forte líder, e simplesmente com seu esforço pôde atingir grande sucesso, sem dizer o que você é capaz de fazer com o poder do Espírito Santo! Você conhece a agitação da adrenalina de uma grande conquista e isso o faz pensar que pode dominar o mundo, mas você está seguindo o vento sem uma igreja local.

As únicas realizações que importam são aquelas conquistadas com o propósito de estabelecer o Reino de Deus em toda a terra. Isso não pode ser feito sem a cobertura de uma igreja local. Não importa o que você esteja fazendo, se você não está comprometido e profundamente enraizado numa igreja local, está somente viajando pelo seu pequeno mundo sem causar nenhum impacto duradouro.

> ♔
> Ao colocar seus planos no altar de Deus, Ele libera os planos dEle para sua vida.

Deus diz em Salmos 92:12-13: *"Os justos florescerão como a palmeira, crescerão como o cedro do Líbano; plantados na casa do Senhor, florescerão nos átrios do nosso Deus."*

Mais uma vez, Jesus diz em Mateus 16:18b, referindo-se a revelação de Pedro de que Jesus era o Filho de Deus: *"sobre esta pedra edificarei a minha igreja, e as portas do Hades (inferno) não poderão vencê-la."* Note que Jesus não disse que os portões do inferno não prevalecerão contra seus negócios, sua família, ou sua visão. Ele disse que os portões do inferno não prevalecerão contra Sua Igreja! Como um rei, não importa quanto poder, influência, ou recursos você possa ter, a única forma de proteger o que você construiu com sangue, suor, e lágrimas é estando sob a cobertura espiritual de uma igreja local. Na verdade, todo conceito deste livro é baseado na suposição de que você já escolheu submeter-se a uma liderança em uma igreja local.

Com isso em mente, creio que Deus está chamando os reis em Seu Corpo para um compromisso mais profundo e forte do que simplesmente frequentar cultos semanais e dar dízimos e ofertas. Ele está chamando homens e mulheres para trazer seus sonhos e compartilhar com a visão de suas igrejas locais, enxergar seus pastores como mentores espirituais, e generosamente servir para construir o Reino de Deus. Ao ler isso de primeira, você deve achar certamente que já tem feito isso, mas vamos examinar mais a fundo. É vital que cada um de nós compreenda nossa posição no Corpo de Cristo antes que Deus possa nos usar para ter um relacionamento íntimo com nosso pastor. Há muitas armadilhas que podem desqualificar o rei de ser usado por Deus dessa forma.

Primeiro, um dos maiores dons de um rei é a habilidade de enxergar uma necessidade e levantar os recursos para supri-la. Quando elevamos nosso nível de influência e damos altas quantias de dinheiro à nossa igreja, muitos de nós começam a pensar que têm direito a ter título de propriedade de seu próprio banco na igreja e decidir como o dinheiro é distribuído. Temos nossa própria visão sobre qual foco nossa igreja deveria ter, e ideias de maneiras eficientes de dirigir nossa igreja. Isso não é chamado de "visão", mas de "di-visão". (Afinal, já que demos nosso dinheiro, temos algum controle sobre ele, certo? NÃO!) Quando há mais de uma visão (além da que Deus deu ao pastor), há divisão, manipulação, e conflito.

O rei deve abandonar sua agenda, submeter-se à visão de seu pastor para a igreja, e dar suas ofertas sem condições (e sem opiniões). Um verdadeiro rei é um cavalheiro e nunca força suas opiniões a ninguém. Quando um rei e um sacerdote têm um relacionamento saudável, o pastor sempre irá querer a presença e opinião do rei em assuntos em que ele é talentoso. O rei pacientemente espera pelo convite para expressar seu conhecimento. (Acredite ou não, reis não são sempre talentosos em todas as áreas e nem sempre colaboram favoravelmente para todas as situações. Eu sei, isso é um choque para cada um de nós!)

Segundo, o rei deve ter o desejo de vestir o manto da humildade sobre si para poder navegar através dos elogios dos homens e de sua equipe. As pessoas tendem a dar honra e prestígio a qualquer um que tem obtido muitas riquezas, mas o rei nunca deve permitir que isso faça parte de sua identidade. Se você se encontra com necessidade de ser agradecido ou reconhecido no púlpito ou numa reunião pelas suas contribuições, estou falando diretamente com você! Você deve ser capaz de dar livremente, até mesmo anonimamente (tente isso, é mais fácil dizer do que fazer), nunca exigindo mais do que o elogio do Pai em particular. Como falei num capítulo anterior, se a glória vem até você desvie-a para Deus. Pense em você como um defletor de Glória, não uma esponja de Glória!

Terceiro, o rei nunca pode se empurrar para o pastor, tentando forçar uma amizade. O rei deve usar a paciência como uma arma, buscar a Deus para saber de quem ele deve ser amigo, e esperar pelo convite. Novamente, sem esperar nada em troca e sem ofender-se, ele deve servir aquele sacerdote com necessidades, sempre em oração, e confiar que Deus irá fazer o relacionamento acontecer no tempo Dele.

Enquanto creio que cada rei precisa ter uma relação com um sacerdote, ou uma pessoa em ministério integral, isso não significa necessariamente que deve ser com o pastor presidente. Há muitos sacerdotes envolvidos numa igreja local; pastores adjuntos, pastores de jovens, pastores de crianças, pastoras de mulheres, ministério de ajuda, ministério de música, e a lista continua. Não importa a área em que você serve ou tenha um interesse especial, comece ali. O conceito tem muito mais a ver com uma toalha para servir do que um título para dominar! Dentro de muitos reis há um vazio por simplesmente frequentar cultos semanais e dar dinheiro, que nunca será preenchido sem envolvimento e relacionamento profundos.

Como um rei, você deve orar pelos pastores e líderes de ministério em sua igreja, amá-los incondicionalmente, e escolher servi-los com todo o coração. Espere pacientemente para que o relacionamento certo surja, e esteja pronto para abraçá-lo quando Deus o trouxer a você. Esse relacionamento de aliança durará a vida toda, então você não precisa ter ansiedade de forçar ou manifestar nada. O tempo lhe servirá muito bem. Após caminhar alguns anos com seu sacerdote, você será muito grato por ter agido com paciência. Posso testificar isso!

Sou extremamente abençoado por conviver com meu pastor, mas Deus não teria apresentado esse relacionamento disponível para mim se eu não tivesse passado pelos testes listados anteriormente. Devido à inocência na qual tive que

> **O grau de honra entre o rei e o Sacerdote determina o grau do favor de Deus sobre eles.**

aprender a operar, Deus pôde confiar em mim e usar-me para abençoar e apoiar Seu sacerdote escolhido. Com qualquer caráter diferente desse, eu teria acabado sendo uma pedra de tropeço para minha família, meu pastor e sua visão para o crescimento de nossa igreja.

O relacionamento de aliança de um rei e um sacerdote é um casamento de destinos que são dependentes um do outro. O rei não pode cumprir seu chamado sem o sacerdote, e o sacerdote não pode cumprir seu chamado sem os reis. Deve haver abundância de unidade em que escolhemos caminhar se queremos ser excelentes em espalhar e promover o Evangelho de Jesus em volta do planeta.

Sacerdote, é tempo de decidir abrir-se e ser vulnerável aos reis à sua volta. Pare de estreitar sua visão para fazê-la caber no orçamento de seu ministério, e desafie seus reis ao lançar a visão empolgante e desafiadora que Deus pôs no coração de vocês. Dê um passo de fé e engaje esses homens e mulheres em sua igreja! Se você tivesse 200 milhões de metros cúbicos de gás natural enterrados debaixo de sua casa, você cavaria e cavaria, e faria de tudo para capturar esse recurso. Deus tem lhe dado recurso mais que suficiente e está bem diante de você toda vez que você vai para trás do púlpito para ensinar. *Capacite aqueles reis! Se não forem eles, quem será? Se não for agora, quando?*

Reis, é hora de abater seus egos e responder ao chamado de seu pastor. Submeta-se a visão dele para sua igreja, guarde sua inocência em todas as suas doações, e sirva-o com todo o seu coração. Ore por esse homem de Deus e espere pacientemente para que o relacionamento aconteça.

Vamos nos unir, ficar lado a lado, e conquistar mais do que antes. Vamos usar os recursos que Deus tem colocado a nosso alcance, plantá-los na Casa do Senhor para estabelecer os propósitos do Reino, e ganhar esse mundo para Cristo!

A Coroação do Rei

É tempo de pegar a coroa que Deus preparou especificamente para você. Não importa onde você se encontra agora, uma coisa é certa: Deus tem muito mais para você. Mais territórios para conquistar, mais vitórias para experimentar, mais despojos para juntar. Ele tem preparado uma vida transbordante de Suas bênçãos para o seu espírito, sua alma, sua família, seus relacionamentos, seus negócios, e suas finanças, mas cabe a você crer, ir e receber sua coroa.

Aceitar o chamado de um rei não tem nada a ver com o dinheiro; tem a ver com pureza de coração e paixão pelo avanço dos propósitos do Reino. Dinheiro será o produto natural das ações motivadas por esse tipo de inocência. Talvez agora você não tenha os recursos para doar ao Corpo de Cristo no "nível" que você acha que é requerido de um rei; deixe-me certificar algo, se você der qualquer quantia que Deus tem colocado em seu coração, Ele será fiel em multiplicá-la. O profundo desejo do seu coração de chegar à realeza não vem de você; vem de Deus, e Ele trabalhará em seu destino se você permitir.

Realeza não é para os fracos de coração. Haverá sacrifício, provas, necessidade de operar com grande coragem e fé, riscos, derrotas, e grandes conquistas. Seu ego será humilhado, sua agenda será eliminada, e sua ganância será esmagada. No entanto, você também experimentará a adrenalina de vencer batalhas muito além da compreensão da sua mente. Você testemunhará muitas almas em nações estrangeiras virem a Cristo e o brilho do sorriso de inúmeras crianças ao ter esperança de um futuro melhor. Tudo isso porque você deixou os recursos de Deus fluírem através de você. Verá sua cidade ter sede de justiça, pois sua igreja local se tornou um farol de salvação para os habitantes. Tudo isso porque você fez parte do trabalho coletivo da Igreja de Deus.

Você é capaz. Nunca permita que o inimigo consiga fazê-lo crer o contrário. Você é uma força poderosa e uma ameaça para o reino das trevas, e ele fará tudo que puder para arrancar a coroa da sua cabeça. Mantenha-se focado, inocente, na Presença de Deus, e você poderá repelir cada um dos dardos do maligno. Você realizará grandes feitos e se tornará destemido ao receber a capacitação do Espírito Santo de Deus. E quando tudo estiver dito e feito, você se apresentará diante de seu Pai no Céu e O ouvirá dizer orgulhosamente:

Muito bem, Meu servo bom e fiel.

A Confissão do Rei

Todo rei deve usar sua confissão como uma força criativa para organizar seu mundo, para chamar a existência aquelas coisas que não são como se fossem, e para promover guerra contra o inimigo. Não há substituto para uma confissão diária de fé! Aqui estão algumas que tenho orado em voz alta por muitos anos.

Eu habito no esconderijo do Altíssimo e descanso à sombra do Todo-poderoso. O Senhor é o meu refúgio e a minha fortaleza, o meu Deus, em quem confio. Nenhum mal me atingirá, desgraça alguma chegará à minha tenda. Porque a seus anjos O Senhor dará ordens a meu respeito, para que me protejam em todos os meus caminhos; o anjo do Senhor é sentinela ao meu redor, e me livra.

(Salmos 91:1-2, 10-11; Salmos 34:7)

Tenho a mente de Cristo e guardo os pensamentos, sentimentos, e propósitos de Seu coração. Eu creio e não duvido. Sou firme na minha confissão de fé. Decido andar pela fé e praticar a fé. Minha fé vem pelo ouvir a Palavra de Deus. Jesus é o Autor e o Consumador da minha fé.

(Rm 10:17; ICo 2:16; Heb 4:14; 11:6, 12:2)

A Palavra de Deus habita em mim ricamente. Aquele que começou a boa obra em minha vida irá completá-la até o dia de Cristo. Fui resgatado dessa presente era perversa. Estou sentado com Cristo nos lugares celestiais. Eu resido no Reino do querido Filho de Deus. A lei do Espírito de vida me libertou da lei do pecado e da morte.

(Rm 8:2; Gl 1:4; Ef. 2:6; Fl 1:6; Cl 1:13-3:16)

Deus derramou seu amor em meu coração, por meio do Espírito Santo que Ele me concedeu. Permaneço no amor, permaneço em Deus, e Deus em mim. Deus me protege, e o Maligno não me atinge. Deus não me deu espírito de covardia, mas de poder, de amor e de equilíbrio. Nenhuma arma forjada contra mim prevalecerá, e refuto toda língua que me acusar. Deus é por mim. Eu piso serpentes e escorpiões e toda a obra do mal. Uso o escudo da fé, com o qual apago todas as setas inflamadas do Maligno. Maior é aquele que está em mim do que aquele que está no mundo.

(2 Tm 1:7; 1 Jo 4:16; Rm 5:5; Is 54:17; Rm 8:31; Sl 91:13; Ef 6:16; 1 Jo 4:4; 1 Jo 5:18)

O Senhor é meu pastor. Meu Deus supre todas as minhas necessidades de acordo com Suas riquezas em Cristo Jesus. Não ando ansioso por coisa alguma. Vivo na Casa de Oração. Sou o Corpo de Cristo. Fui redimido de toda maldição, pois Jesus carregou minhas enfermidades em Seu próprio corpo. Por Suas pisaduras fui sarado. Proíbo qualquer doença de operar em meu corpo. Todos os órgãos e tecidos do meu corpo funcionam na perfeição com a qual foram criados. Honro a Deus e dou glória a Ele através de meu corpo.

(Sl 23; Is 55:7; Mt 8:17; ICo 6:20; Gl 3:13; Fl 4:6; 1 Pe 2:24, 5:6-7)

Com sabedoria minha casa é construída, e com discernimento é consolidada. Minha casa está bem construída. Eu e a minha família serviremos ao Senhor. Jesus é a nossa pedra angular.

(Pv 24:3-4; Lc 6:48; Js 24:15; At 4:11)

Eu tenho a mente de Cristo. Destruo argumentos e toda pretensão que se levanta contra o conhecimento de Deus, e levo cativo todo pensamento, para torná-lo obediente a Cristo. Penso no que é verdadeiro, nobre, correto, puro, amável, de boa fama, excelente ou digno de louvor. Estou em perfeita paz.

(Is 26:3-4; Fl 4:8; 2 Co 10:5)

Eu ouço a voz do Bom Pastor. Ouço a voz do meu Pai, e a voz estranha não me acompanhará. Consagro ao Senhor tudo o que faço. Ele fará com que meus pensamentos concordem com a Sua vontade e meus planos serão bem-sucedidos. Eu venci o mundo, pois sou nascido de Deus. Eu represento bem o Pai e o Filho. Sou um membro útil do Corpo de Cristo. Deus efetua em mim tanto o querer quanto o realizar, de acordo com a boa vontade Dele.

(Pv 16:3; Ef 2:10; Fl 2:13; 1 Jo 5:5-6)

Jesus é o Senhor do meu espírito, corpo e mente. Ele tem me
sustentado em sabedoria, justiça, santificação, e redenção.
Posso todas as coisas naquele que me fortalece.

(I Co 1:30; Fl 2:9-11; 4:13)

Sou a justiça de Deus em Cristo Jesus. Sou a cabeça, e não
a cauda. Estou por cima e não por baixo. Sou abençoado no
meu sair e no meu chegar. O Senhor é a minha luz e a minha
salvação. Deixo minha luz brilhar diante dos homens. Eles
veem minhas boas obras e glorificam meu Pai no céu. Sou
como uma árvore plantada junto aos ribeiros de água, que
dá frutos na estação certa, e cujas folhas não murcham. Tudo
o que faço prospera.

(Dt 28:6,13; Sl 1:3, 27:1; Mt 5:16; 2 Co 5:21